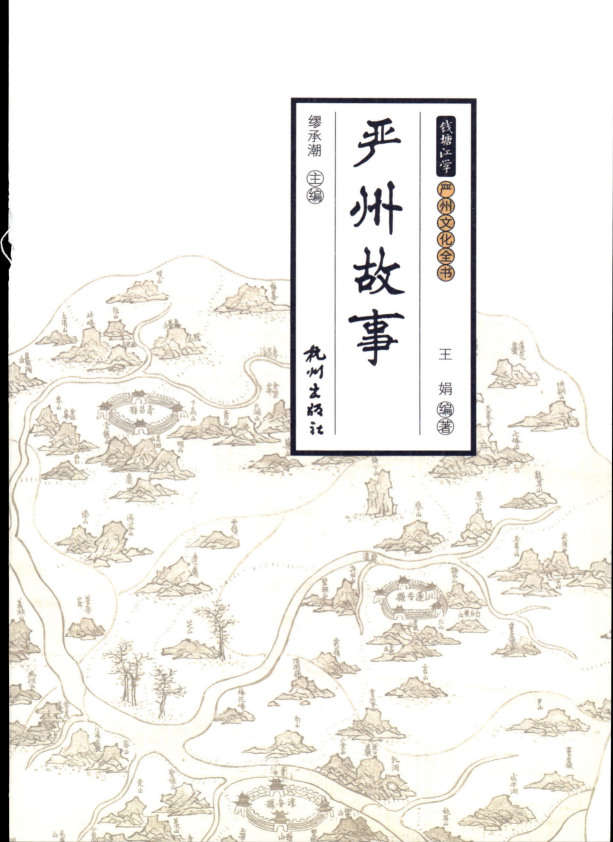

钱塘江学
严州文化全书

严州故事

缪承潮 主编

王娟 编著

杭州出版社

钱塘江学·严州文化全书

总 序

公元 1963 年，是杭州行政区域版图有着特殊记忆的年份。

因为这一年的 3 月，有着 1300 多年州府历史的"千年古府"严州，正式划归杭州市。从此，杭州开始承载起两个州府历史文化共同前行的责任。

由于历史的原因，在"千年古府"严州划入杭州的半个多世纪里，曾经"商贾云集、文化繁盛"的严州府治、州治和建德县治所在地——梅城镇，却日渐式微，在历史的进程中被边缘化，成了被世人遗忘的角落。这种状况的出现，是与杭州建设国际化大都市进程很不相称的。如何补上这一短板，重振严州古城雄风，是摆在我们面前的新课题。

遵循以习近平同志为核心的党中央的战略部署，杭州市扎实推进"美丽城镇""美丽乡村"建设，取得了明显成效。如何延伸这一以美丽中国建设为主题的新内容？杭州市美丽城镇建设如何破题？美丽城镇建设示范点怎么选择？在这样一个新时代的节点上，中共浙江省委车俊书记先后三次对严州古城梅城的建设和发展作出重要批示，提出要"再现'千年古府'新面貌"的重要构想，为杭州市打造美丽城镇建设的新样板找到了突破口。为落实车俊书记的批示精神，杭州市委、市政府正式确定，把杭州市打造美丽城镇建设的示范点，选在了"千年古府"梅城镇。从 2018 年夏天开始，梅城镇"再现'千年古府'新面貌"的建设全面启动，古城的保护与修复工程全面展开。通过近一年的努力，目前初战告捷，正在向纵深发展。

历史的经验告诉我们，古城的保护与修复，不仅是一项非常复杂而又艰巨的城市建设工程，也是一项铸就城市灵魂、泽被后世的文化工程，是体现"文化自信"的重要载体。没有文化的支撑，特别是缺失独特的地域历史文化的丰姿风韵，古城修复得再好，也只能是徒具漂亮的外表，是经不起历史检验的。没有文化内涵的古城，是不能行稳致远的，"再现'千年古府'新面貌"的目标就会缺少贯穿始终的文化指引，彰显古城个性的地域文化特色也就无从谈起。为避免这一现象的发生，我们从做"千年古府"梅城修复工程的第一天开始，就紧紧抓住地域文化复兴这个主题，把严州文化的发掘与建设，作为杭州古都文化和国际城市学内容的重要补充，进行全面部署。这当中，分阶段实施整理和出版"钱塘江学·严州文化全书"，就是抢救严州文化的具体行动，也是一项文化传世、惠及子孙的工程。

严州历史悠久，文化灿烂。习近平总书记当年在《与时俱进的浙江精神》（载《浙江日报》2006年2月5日）一文中提到："远在数万年前，浙江大地就已经出现了'建德人'的足迹。"因此可以说，严州是浙江省境内最早有人类活动的地区。严州在浙江的地位摆在那里，是毋庸置疑的。严州的前身称睦州，隋仁寿三年（603）置，州治在今淳安县。唐万岁通天二年（697）迁州治至建德县，建德改为州治自此始。宋宣和四年（1122）改睦州为严州。咸淳元年（1265）升严州为建德府，辖建德、寿昌、桐庐、分水、淳安、遂安六县。元改建德路。明初改建德府，洪武八年（1375）改严州府，沿袭至民国初年。严州，作为州府建制，存在1300年，一府六县，地域面积是杭州的三倍。划归杭州市之后，杭州市经济社会发展的战略纵深有了新领域和"后花园"。这是一笔宝贵的财富，我们应该倍加珍惜。

严州地处浙、皖、赣和钱塘江流域之要冲，襟三江，控五州，有"江浙锁钥"之称，自古是兵家必争之地，战略地位十分重要，是省城杭州西北方向的重要军事屏障，自古有"严州不保，临安必危"之说。古往今来，严州经历的战事数不胜数。明初，朱元璋争天下，在经营长江以南、开辟大明江山的时候，第一步就是兵出皖南，占领严州。以严州为中心，经闽、浙、赣，为扫平诸侯和大明王朝的建立奠定了基础。太平军四进四出严州，历经三年之久，与清军反复争夺，战况空前惨烈。全面抗日战争初期，严州作为杭州笕桥机场的支援和备降基地，发挥了重要的保障作用。渡江战役之后，人民解放军实施包抄战术，首先占领严州，然后进军解放杭州。可见严州与杭州的战略关联度十分密切。

严州山清水秀，风景旅游资源十分丰富，是历代文人骚客壮游吴越的必经之地。从谢灵运、沈约开始，到孟浩然、刘长卿、杜牧、范仲淹、陆游、黄公望、唐伯虎、纪晓岚等等，多少文人墨客在严州留下了不朽的诗篇。这些华丽的词章，不仅数量宏富，而且精彩佳作千年传唱，余音袅袅，不绝于耳。这些都是中华民族的文化瑰宝，需要充分发掘和开发利用。

严州，昔日的天下名州，有"龙兴之州，潜藩之地"之称，有宋一代，就有太宗、高宗、度宗，在登基之前，都领过睦州或严州的刺史、防御使或节度使。除此之外，高士名臣在严州为官，更是不胜枚举。宋代严州人、状元方逢辰有云："严之所以为望郡而得名者，不以田，不以赋，不以户口，而独以'云山苍苍，江水泱泱'，有子陵之风在也。"因此，严州也被称为"清虚之地"，特别是这里有国内罕见的街巷肌理保存非常完整、具有 650 多年历史的"一府双城"格局的州府古城。在目前的中国大地上，州府古城保护完整的已经是凤毛麟角了，严州古城的保护与修复，正好可以填补我国州府古城文化的空白，是丰富杭州都城文化的重要内容，也是对浙江省 11 个州府文化的重要抢救和发掘工程之一，其意义是十分深远的。严州古城的保护与修复，是贯彻落实市委、市政府拥江发展行动部署和要求，打造钱塘江国际滨水花园的文化节点和样板工程。这项泽被后世的工程做好了，杭州"旅游西进"就大有可为。

历经 1300 年的风雨，严州这一方热土，孕育出独特的文化基因，从而诞生了严州诗学、严陵理学、严州刻本学、严州牌坊学、严州方言学、严州史学等地域文化遗产，这些都是中国地域文化百花园中的奇葩，需要我们去发掘和传承。这些极具严州个性的文化遗存，也是我们杭州地域文化的标志之一，需要我们去抢救和呵护。因为一座古城的湮没，首先是文化基因的衰落。严州古城是一座远去的州城，在当代中国的地域版图上已经找不到"严州"这个名字。在城市化进程的滚滚洪流中，它已经奄奄一息，如不及时拯救，这座千年古府，会成为历史长河中的匆匆过客，很快就会被世人所遗忘。

这次由杭州市钱江新城管委会（市拥江办）牵头，以原严州府治首县建德为主，杭州运河集团配合的"钱塘江学·严州文化全书"整理出版工作，是一项功在当代、利在千秋的严州文化复兴工程。我们希望这一工程的实施，有助于寻找严州古府修复的正确路径，真正实现"再现'千年古府'新面貌"的宏伟蓝图。

"钱塘江学·严州文化全书"的整理出版，得到各级领导的关心指导和有关单位的大力支持，承担整理编写工作的多位专家学者付出了辛勤劳动，在此一并表示深深的感谢。

杭州市拥江发展领导小组办公室

2019 年 9 月

東至杭州府富陽縣界壹伯伍拾里

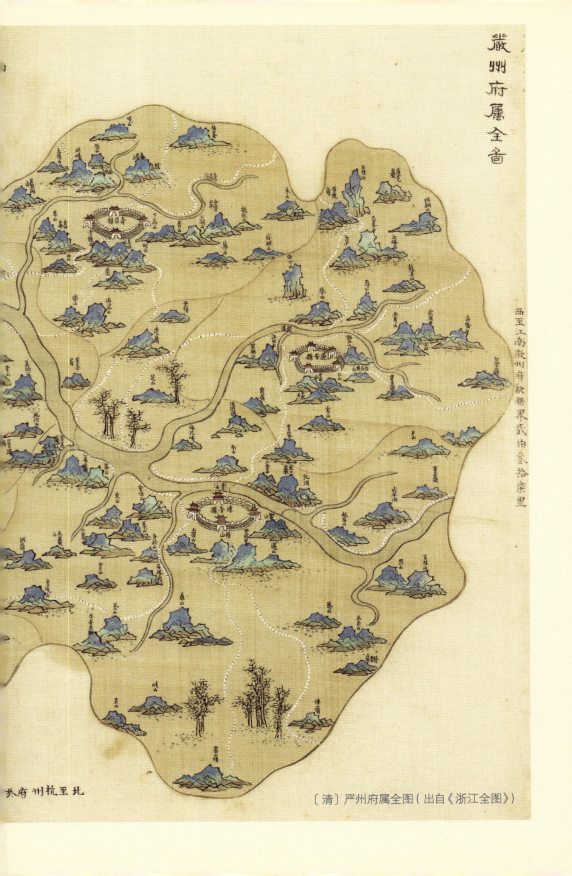

〔清〕严州府属全图（出自《浙江全图》）

前言

　　了解历史，一般通过三种途径：考据、解读和讲故事。

　　考据和解读，是专家学者的事。他们研究文献，研究历史问题，对细节进行缜密剖析，所做的一切，都是为了达到求证和启发的目的。

　　本书运用的是第三种途径：讲故事。这个"故"，是历史长河里的旧人、旧物、旧事。通过怀旧，来追寻严州的发展史，从而知兴替得失。

　　严州的发展史，当追溯到汉建安十三年（208）置始新、新定县始，直至清末。一千多年的历史，无论严州的本土名人与风物故事，还是与严州风物有关的名人故事，都是一场思想的盛宴。

　　在这场盛宴里，"人"才是真正的核心。

　　打开严州历史的画卷，闭着眼睛，我们也能看见：

　　富春江畔一钓翁拒光武帝刘秀之召，隐居在江畔耕读垂钓，那个人叫严子陵。

　　在严州创办了龙山书院，又修建了严先生祠堂，最后留下"云山苍苍，江水泱泱。先生之风，山高水长"等诗篇的是范仲淹。

　　开发澎湖列岛的第一人是严州分水的施肩吾。

　　频频谏言，终于赶走了宋徽宗的大白鹇的人叫江公望。

　　浙西山区，一位威震东南最终被宋将韩世忠俘获的起义领袖叫方腊。

　　写下两篇劝农文，祖孙三代守严州，并为严州留下二百九十四首诗篇的是陆游。

科考三元及第，大明朝名副其实的"第一学霸"是大名鼎鼎的商辂。

青柯亭的背后有热爱《聊斋志异》的赵起杲，才会有后来青柯亭本的《聊斋志异》……

画卷里闪现的人和故事，都是严州历史留给我们的宝藏。即使同一时期，机遇相当，每个人的人生经历和结局仍会大相径庭，有人郁郁终身，有人悲歌末路，有人顺风顺水，有人一飞冲天……

历史留下的宝藏是无穷无尽的。从前的严州城，一砖一瓦，一泓湖水一口古井都是故事。坊间巷尾，各种戏说趣闻更是俯拾皆是，有纪实，也有传说。

而纪实与虚构，是历史故事的"任督二脉"，其二合一，才是文化传播延续的法宝。这本书已尽量还原历史场景和人物，若是读着究其无从考证的虚构，读者大可忽略，它一定不是故事想要表达的核心部分。

我是严州人，在梅城古镇长大，"情感"是书写这本书的原动力。我愿意和更多的家乡人一起努力，为严州文化的传播不遗余力。

王　娟

2020 年 4 月

目录

爱在蠡湖

严州分水，除了风景秀丽，还有一段浪漫的历史。

春秋越国大夫范蠡，原为楚国宛（今河南南阳）人，后来扶助越王勾践复国，提拔为将军。相传，范蠡辅佐越王完成了灭吴大计后，以越王不可共安乐，而放弃相印，急流勇退，带着美人西施隐居于今分水西十四里的里湖村。

勾践灭了吴国，大摆庆功酒的那天夜里，范蠡带着西施和一随从，偷偷出了齐门，坐上小木船，穿过护城河，转了一个圈，直向富春江方向而去。到了分水溪，但见山乡隐秘，山明水秀，于是泊舟上岸，在此搭了几间草房子，隐姓埋名住了下来。

安家之后的西施想重操旧业，纺纱织布。范蠡笑笑说："昨天的君王妃子，今天又做了农家女。"西施说："坐吃山空，我们总得活下去才好。"范蠡安慰她说："我能使越国富强，灭掉吴国，还怕没有办法养活一个家？"他要西施放心，有他在，什么都不是问题。

为了让心爱的女人尽快从颠沛流离的焦虑中走出来，范蠡每天早晨和傍晚，都会陪伴着西施在湖边走走，看看野景，散散心。慢慢地，西施逐渐安定下来，心情特别好的时候，她会在湖边的草地上翩翩起舞。看西施重现往日风采，范蠡这才松一口气。而这个朝夕相伴的湖，走的次数多了，也被叫作蠡湖。

当地县志记载："昔有湖，相传春秋时范蠡和西施曾隐此，故名。后湖淤改田建村，田称范畈。村西北有湖，临蠡湖。村东有安头山，旧时北麓有西施墓……"虽正史无记载，但传说已两千多年，无法等闲视之。

分水镇的范蠡后裔代代相传。越国大夫范蠡来到分水镇蠡湖村后，建房辟园，安居乐业，后代繁衍，逐渐形成村落，名蠡湖村。建筑围湖堤，在湖中养鱼鳖，名蠡湖。造起围垦堤，在堤内开垦农田，名范畈。在雏沅溪砌筑堰坝，名范堰。开掘一条总渠道，命名范畈渠。建筑一座石拱桥，取名雏凤桥。蠡湖圭峰山上还有西施墓、荷花柱、石狮子、石亭子……

范氏家族的家谱早先是统一放在分水镇外范村的孝子堂，用樟木箱保存，家谱上记载外范村、里范家、孝子堂的范氏为范蠡后代。不幸的是，这些家谱在"文革"中全部被毁。

如果今天我们再去蠡湖，会发现蠡湖村已没有范家人，基本上都是徐姓人家。据说，明清两代，范氏和徐氏是世仇，这是为什么呢？原来，明代徐达后代当时势力强大，他们认为范蠡和西施居住的蠡湖村是块风水宝地，就利用手中的权力霸占了蠡湖村。

范家人被迫来到离蠡湖村四十余里的外范村、里范家、孝子堂定居。清代，范蠡后裔范少成、范少强的父亲是分水县的武举，范少成从小跟随父亲练武，整个分水无一敌手。范少成、范少强两兄弟为了夺回蠡湖村，把官司一直打到杭州府。为了提供佐证，范氏兄弟把《范氏家谱》也一路背到杭州，家谱上记载了范蠡和西施最终定居在蠡湖村。因为证据充分，清知府最后判蠡湖村归范家人所有。更可贵的是，清代《分水县志》里还特意记载了"范氏为清白之家"。

民国时有一个老头，八十二岁从江西回来，自称自己是范蠡的后代，是太平天国的时候跑出去的，要求回来续家谱。由于没有人认识他，他的合理要求被拒。他在范家好吃好住待了一月，当时八十岁的范家老太就是不肯让他带走范氏家谱。这也是范氏家谱没有被保存下来的一个原因。范家老太九十六岁去世，到了"文革"时期，家谱就全毁了。

因为无佐证，范蠡、西施定居分水的故事，成了县志里的一桩疑案。

钓台巍巍　斯人常在

在严州人的眼里，家喻户晓的名人，严光算得上一个。

严光，字子陵，浙江余姚人。其实，严光本姓庄，叫庄子陵，因为东汉明帝刘庄做了皇帝，为避皇帝名讳，改姓为"严"。

严光年轻时就是一位名士，才学和人品都令人十分赞赏。北上游学时结识了汉高祖刘邦的九世孙刘秀，两人同赴长安求学，闲暇时常以游学的名义流连于山水间。朝夕相处，成了莫逆之交。

后来，外戚王莽篡权做了皇帝。王莽曾经多次邀请严光为官辅政，严光都予以拒绝。几次之后，严光索性放浪山野，隐名换姓，每天钓鱼种田，过起了隐士生活。

刘秀参加了起义军，决心推翻王莽政权。其间严光参与了起兵事宜，在征战中先后几次赴刘秀营中出谋划策，运筹帷幄，还向刘秀推荐了邓禹、马援两位大将。之后继续归隐。

多年后，刘秀终于推翻王莽政权，当上了皇帝，东汉王朝的首都也搬到了洛阳。尘埃落定，刘秀求贤若渴，他想起了老同学严光。

由于严光改了名字，无处寻找，刘秀凭着自己的记忆，向画师描述了严光的容貌，然后派人拿着画像四处寻找。

终于有人汇报，在桐庐的富春江边发现了一个与严光十分相似的人，每天披着一件羊皮衣服在钓鱼，举止不似常人。刘秀料定此人就是严光，派人去请，一连请了两次，都被严光拒绝。

第三次，刘秀亲自写信去，诚恳地说：自古有作为的君主，总会遇上不肯当官的人，我哪里是要你当我的臣子，我现在是家大业大，战战兢兢，如履薄冰，是希望你能扶我一把啊！

严光实在推不过去，只好去了洛阳。严光的到来，让刘秀十分高兴，立即安排他在驿舍住下，并派专人伺候。

严光之前游学时，认识一位老朋友，叫侯霸。侯霸在王莽称帝招贤时，第一个跑去当官。刘秀成了皇帝，他又第一时间回到朝中为官。侯霸听说严光来了，又见刘秀这样欣赏严光，便派自己的下属侯子道，拿着他的亲笔信去邀请严光，信中说："我听说兄弟来了，早想探望，只是公务繁忙，没有时间脱身，等处理好手头事务再来看你。"

严光从内心瞧不起随风骑墙的人，没好气地告诉信差："回去告诉你们丞相，他现在名气挺大，地位也蛮高，很好。不过只有忠诚善良的人才会受百姓拥戴。反复无常、阿谀奉承的人迟早要身首异处的。"

侯霸听后，非常气愤，觉得面子大失。于是，第二天上朝，他便在刘秀面前告了严光一状。刘秀听完，哈哈大笑："这可真是江山易改，本性难移，子陵一贯就是这样的作风啊！"

刘秀亲自去见严光。听说刘秀来见，严光便卧床不起。刘秀知道严光作态，也不说破，径直走进他的卧室，笑嘻嘻地把手伸进被窝，摸着严光圆滚滚的肚皮，说："好你个子陵，我费尽周折把你请来，为什么就不肯出来帮我治理天下呢？"

严光老半天才睁开眼睛，说："现在的明君道德广著，有的是人才。人各有志，你又何必让我为难呢？"刘秀连连叹气道："以咱俩的交情，竟然还不能放下你的臭架子吗？"严光不语。刘秀无奈，只好摇摇头，回宫去了。

几天后，刘秀把严光请进宫中叙旧，两人推杯换盏，说了好几天的知心话。刘秀扬扬得意地问严光："子陵，你看我和当皇帝之前相比，学识有无增进？"正常情况下的人都会抓住时机拍马屁，但严光却不冷不热地说："我看你和过去没什么两样！"

当晚两人睡在同一张床，尽管刘秀的龙榻两人躺着也是十分宽敞，但半夜的时候，刘秀还是感觉喘不过气来，醒来发现老朋友的大粗腿正压在自己的胸口上。

第二天上朝，负责记录的史官跑来报告说，"昨晚天空中一颗外来的客星冲撞了神圣的紫微星，形势很危急，希望陛下及早防范。"刘秀听后哈哈大笑，说："哪里是什么天象示警，只是昨晚我和老朋友又回到求学时代，彻夜长谈，和衣而睡，没有什么大不了的事。"

这段小插曲也成了史书上"客星犯帝座星"的佳话。但坊间传说，其实是侯霸买通了刘秀身边的人，及时了解到刘秀的一举一动，然后借史官之手，来针对严光的。自上次被严光侮辱后，侯霸一直心中不满，想方设法要把严光赶出洛阳，结果自讨没趣。

在京城待了一些时日之后，刘秀欲封严光为谏议大夫，严光坚决不从。他再次离开故友，躲到富春江，过悠游自在的日子去了。此后，刘秀多次征召他进宫，都被拒绝，刘秀也就不再强求。

严光的这种作风，在中国古代学而优则仕的大环境下是不多见的，严光也因其高风亮节和淡泊名利的心态得到刘秀一生的尊重。

东汉建武十七年（41），刘秀再次征召严光进京，当诏书送达时，严光过世，终年八十岁。刘秀得知，十分悲痛，并下诏郡县为他赐钱百万、谷千斛，以安排他的后事。

千百年来，江湖一直流传着严光和钓台的故事，以至于他成为知识分子的典范，这其中离不开北宋名臣范仲淹的功劳。范仲淹任睦州知州时，下令建严子陵祠，并写下《严先生祠堂记》，一句"云山苍苍，江水泱泱。先生之风，山高水长"传遍朝野。

严光，无疑成了知识分子人格的标杆。

朱池村里的读书郎

建德朱池村的村头有一座朱买臣祠，门口存有石香炉一只，上面刻着"古朱池"三个字。祠堂内供着朱买臣的泥塑像。

每年农历六月初一，村里都延续着请朱公老爷看稻头的习俗，刚出头的早稻，经朱老爷一看，当年准能丰收。而谁家先抬到朱公老爷，谁家就赢得了当年的彩头。朱老爷年年如此庇佑着朱池村的百姓。

朱买臣，江苏苏州人。若不是汉景帝年间，吴王刘濞发动了七国之乱，穷困潦倒的朱买臣也不会背井离乡逃到今天的朱池村来。据说那一天，朱买臣逃难至此已是筋疲力尽，忽见面前出现一条溪流，清澈透明，便蹲下身来双手掬饮，这一饮甘爽沁脾，就再也不想走了。村民们和善，见朱买臣眉清目秀，动了恻隐之心，于是帮助朱买臣一起在附近的小山坞里搭了茅棚安身住下来。这个小山坞，后来被叫作朱家坞。

朱家坞翻过一条岭，有一个幽静的没有名字的小山村。村里有户姓崔的人家，主人注重才学，听说朱家坞有个逃难的书生酷爱读书，几番了解后便托媒人说合，把自己的女儿嫁给了朱买臣为妻。

朱买臣在幽静的小山村成了家，并把这个幽静的小山村唤为幽径村，叫着叫着，也就传开了。成家后的朱买臣生活清苦，夫妻俩一起上山砍柴，一起下山卖柴，以此维持生计。可是，朱买臣的书生意气与相对闭塞的乡村是格格不入的，当乡亲们都在田间劳作为生活摸爬滚打时，只见朱买臣却整日沉迷读书而难以自拔，吃饭看书，走路看书，甚至在砍柴卖柴的途中仍不忘怀揣着书，一路背诵诗文。朱买臣就是那种从不担忧吃了上顿没下顿，却会发愁手头找不到书看的人。慢慢地，村里村外开始有人在背后指指点点笑他是个书痴，是个傻愣子，朱买臣却视而不见。

妻子崔氏是个寻常的乡村妇人，她理解不了朱买臣忘我读书的快乐，心里十分郁闷。她不怕过苦日子，可她无法承受背后那些指指点点所带来的难堪，也不断地劝朱买臣不要再读再背诵那些不能当饭吃的诗文，免得人家拿他当笑柄。朱买臣无动于衷，不听劝告，依旧陶醉在自己的诗书世界里，有时吟诵到情节动人之处，发声竟如唱山歌一般的抑扬顿挫，惹得路人纷纷过来围观。

丈夫痴迷读书的疯癫状，让妻子崔氏羞愧难当，她觉得自己在村里抬不起头，每次出门，都是行色匆匆，生怕被人瞧见。终于有一天，崔氏情绪崩溃，执意要与朱买臣解除婚姻。朱买臣挽留她说："你别看我现在是个穷光蛋，等我五十岁时一定会大富大贵的，你跟我吃苦多年，我会让你过上好日子的。"此时的妻子崔氏已是积怨难消，说："就你这样，不饿死在哪条沟里就算好了，还指望富贵……"两人愈争愈烈，崔氏一怒之下，愤而出走。

中国自古以来，有文字记载的婚姻公案，多为夫休妻，极少有妻休夫的，这事却被朱买臣撞上了。一个男人连自己的妻子都守护不了，可见这对当时的朱买臣是多大的打击。但朱买臣并没有被击倒。他不为难崔氏的执意"求去"，也没有让自己一蹶不振。

崔氏走了之后，朱买臣继续独自打柴为生，苦读诗书，依旧边砍柴边歌咏。有一回，朱买臣背着柴走在山间，遇到了前妻崔氏和她的再婚丈夫一起上坟扫墓。朱买臣原本打算快速绕道而过，不打扰前妻，没想到崔氏看到朱买臣又冷又饿的样子，心生怜惜，大大方方地召唤了朱买臣，并分给他一些准备路上充饥的饭菜。可见崔氏并不是个绝情的人。

就这样，崔氏离家改嫁之后，朱买臣一个人过了好些年。

到了汉武帝年间，朝廷实行察举制，规定官员都有推荐人才的责任，尤其是地方官员每年都要向中央推荐一次贤才良士。朱买臣的人生遇到了转机。

朱买臣在给地方官吏当力工送东西到长安的时候，结识了当时在朝廷为官的严助。严助在与之交往和考察中发现朱买臣满腹经纶，是个人才。于是，他便以察举贤良的理由把朱买臣推荐给了汉武帝。至此，饱读大半辈子诗书的朱买臣得以为皇上讲《春秋》，说《楚辞》，让汉武帝龙颜大悦，当场赐官。

朱买臣的命运就此改变，一路官至会稽太守、主爵都尉，位列九卿。

相传朱买臣富贵后衣锦还乡，仍不忘看望落魄之时扶持他的崔老岳父和朱池的乡亲们。到了朱池，朱买臣甚至准备了香烛纸钱等一些祭品，到曾经的岳父母（崔氏父母）坟上去祭奠二老，以感谢二老当年对自己的知遇之恩。在路上，朱买臣得知改嫁后的崔氏夫妇依然生活清贫，他不计前嫌，赠送了二百两银子给前妻。

夫妻分手已多年，如此盛情让崔氏实在羞愧。崔氏请求见朱买臣一面以表示感谢，得到他属下的回话却是："夫人但请安心享用，有何需求，吩咐便是。太守公务繁忙，不得空见。"

崔氏感觉自己受到了羞辱。她猜忌朱买臣施舍银两的用意无非是：如若当初不离他而去，你过的就是眼下这雍容安逸的生活。抛弃朱买臣，活该自己一世过苦日子。崔氏虽是弱女子，仍存铮铮骨气，在她心里，人生富贵随天命，哪堪受这般羞辱？

朱买臣的无心之过，让崔氏最终选择上吊自杀。朱买臣得知消息后大为叹惜，却已无法挽回。

筑堤排涝治苕溪

东汉桓帝时的一天，在浙江桐庐的富阳侯府内，传出阵阵喧天鼓乐声。原来，富阳侯陈硕的夫人产下一个白白胖胖的儿子。这可乐坏了富阳侯，他逢人便说："我位列侯爵，纵有一身荣华，却无承继之人。如今年近半百，却添我麟儿，这是老天爷赐重礼于我陈氏也。"于是，将儿子取名为"恽"。恽，重厚也。还将儿子的字直接称为"子厚"。

陈硕老来得子，却并不宠溺，陈恽自小就备受忠孝仁义之教，即使衣食无忧，也没沾染丁点的公子哥习气，对普通百姓也是谦恭有礼。转眼到了该出仕的年龄，灵帝熹平元年（172），陈恽奉令到余杭任县令。

陈恽带着几个护卫，精神抖擞地前往余杭赴任。一入余杭境内，随处可见百姓为洪灾所累，陈恽的心不由得悬了起来。余杭境内一望平畴，满地沙丘，洪灾将百姓刚刚栽下的禾苗已冲得无影无踪。

一座小山坡上，几间歪歪倒倒的草庐旁，蹲着一群衣衫褴褛、饿得像猴孙一样精瘦的灾民。灾民看到陈恽，就像是见到了救命稻草，纷纷伸出手来乞讨。眼看四周聚拢过来的灾民越来越多，护卫心想，陈老爷纵有金山粮海，也是难救天下灾民，当下还是护卫老爷安全要紧。于是拔出腰间刀剑，左右护住陈恽。

灾民们一看护卫拔出了刀剑，情绪开始激动起来，有向后退的，也有往前冲。向后退的想，再往前一步，人家的刀剑就会架上脖子，非伤即死，犯不着拿自己的性命作赌注；往前冲的则叫嚷着："你不给施舍也就算了，因何对着我等一帮无助饥民发狠？到了如此境地，慢死不如早死。官府尽可给我等来个痛快，一刀劈死，免得受饥荒罪。"灾民边嚷边往前挤来。护卫们只得护着陈恽向后退。

陈恽镇定地登上一个树墩，站在高位，对四周灾民大声说道："诸位父老乡亲，我知道大家受苦了，可我现在也和大家一样饿着肚子。要想让我们能有饭吃，有房子住，只有团结起来，才能共渡难关。"

灾民们安静了下来。一个年长的老者站起来说："陈老爷，我们这个地方年年遭灾年年过，苦就苦在没有人带领我们修溪河。要是能把苕溪治理好，光余杭县一年收割的稻谷，就足够会稽郡全郡人吃上一年。陈老爷你就领着我们干吧，我们相信你。"

陈浑连忙向大家施礼："既然大家如此相信我，我就向大家承诺，只要我在余杭一天，就一定把余杭治理好，让百姓安居乐业。"

于是，治理苕溪成为陈浑在余杭县令位上的重中之重。他带着随从，每天走东村串西乡，深入民间，了解灾情，勘查苕溪。此时，陈浑才觉得自己的那句"把余杭治理好"的话说起来简单，做起来可不容易。要想治理好余杭，不驯服东苕溪，说什么都是空谈。

东苕溪源自临安境内东天目山的马岗尖，自南而北蜿蜒流淌，西边傍着崇山峻岭，东面紧连杭嘉湖平原，流长三百余里，滩多流急。在余杭境内也有近百里。沿途还汇入中苕溪、北苕溪之水。苕溪犹如一匹野马，在万山丛中恣意奔腾。流至余杭县城后，折而向北，在湖州附近汇合西苕溪，注入太湖方得安生。

由于余杭处于浙西山区与浙北平原交界处，苕溪水流到余杭平地，更是肆无忌惮，无拘无束，四处乱窜，不仅让余杭县城常常成为泽国，也让杭州不得安宁。陈浑掌握了实情后，统筹思虑，于东汉熹平二年（173）决定在余杭西南筑堤围湖。

陈浑的决定得到了百姓们的响应，他们纷纷肩挑土筐畚箕，手拿锄头铁耙，自觉加入修葺河道。上湖的堤首先筑起，湖堤高十五尺，周长三十余里。陈浑又带领百姓依山造湖，在山坳处筑堤高十四尺，环山十四里，此为下湖。两湖相加一千多顷，人们把这两湖统称为"南湖"。

陈浑还带领民众，在湖的西北面修建石门涵渠，导苕溪之水入湖；在湖的东南面修筑泄水管渠，以利溢水。自从修建了南湖，每当洪峰逼境，南湖则广纳洪水，这匹暴躁的野马，终于乖乖地听从安排，在南湖中安息下来。除此之外，陈浑还沿苕溪修筑了几十处陡门堰坝，涝可储，旱则泄。这些水利工程，确保了余杭县全境良田旱涝保收。

为了保证杭州和浙北平原少遭水患，陈浑带领余杭民众一鼓作气，又在余杭到德清之间，修筑了一条长达八十余里的河堤，成为杭嘉湖西部的防洪屏障。这项规模浩大的"束水归河，化洪为利"工程，充分发挥了行洪、蓄洪、分洪、防洪的效益。自从修建了这些水利工程，余杭及杭嘉湖平原受益匪浅，四时和畅、岁岁丰收，老百姓们齐颂陈浑功德。

陈浑在余杭修建水利工程，让百姓摆脱了洪魔的迫害，一时之间，他被民间形容为有仙术的神仙。殊不知，只有神人才敢接这苦差事。陈浑不计个人得失，不计个人安危，身先士卒，不辞辛劳地筑就而成，他成了余杭百姓心中的"救世主"。

喝水不忘挖井人，余杭百姓为了感恩陈浑，在南湖边建庙祭祀。陈浑还受到历代帝王的赐封。

复仇扬威　建功立德

　　孙韶，字公礼，为三国时期东吴名将。孙韶原姓俞，伯父俞河跟随姑父孙坚出征，封为左右兵典知内事。孙坚十分器重俞河，特赐姓孙，收为义子，列为同族宗子。孙韶也就随伯父改姓孙。

　　孙韶自小随伯父在军营长大，习惯了东征西战。在他十七岁那年的一个早晨，伯父孙河得到急报，说镇守丹阳郡的孙权之弟孙翊，被郡中叛党边鸿杀害。孙河当即带领数骑，赶往丹阳郡治所在地宛陵，质问当时的丹阳大都督妫览。妫览百般推诿，一边奉茶伺座，一边阴谋滋生。

　　原来，妫览和郡丞戴员原是吴郡太守盛宪的僚属，关系极为密切。盛宪死于孙权剑下，妫览和戴员一直怀恨在心。当时，正逢孙权之弟孙翊担任丹阳太守，孙翊对妫览和戴员都十分器重，委以大都督和郡丞要职，却没想到他们竟然设下圈套，将年仅二十出头的孙翊杀害在郡府之中。

　　因为孙河对妫览知根知底，妫览知道此事定瞒不过孙河，便与戴员密谋串连，索性一不做，二不休，连孙河也杀了。

　　而孙韶自伯父孙河带数骑亲兵急奔宛陵之后，就一直守候在城楼，彻夜未眠，心中忐忑不安。终于等到派出探听消息的亲兵疾驰归来，孙韶飞身下城。其中一位孙河的亲兵，一见孙韶就放声大哭道："孙将军被害于宛陵。"孙韶惊闻噩耗，悲痛不已。

　　孙河府邸中，孙韶和旧部们聚集一堂，众人心中愤怒难平，欲杀向宛陵。孙韶思虑再三，抱拳向各位长辈说："伯父是我唯一的亲人，也受孙权将军重托，镇守京都，如果我等兴兵外出，敌人乘虚而攻，我们该当如何？"众人对孙韶的心思缜密表示叹服，商议之后决定强忍悲痛，齐心协力，严阵守城。

　　此时，孙权闻报孙翊、孙河先后遇害，又惊又悲。同时，他也开始担忧孙河被害之后，京城无将镇守，唯恐失守，于是领兵从椒丘启程，星夜赶回吴地，因为天色已晚，便在城外扎营。为了试探孙河遇害之后的京都警备如何，孙权令部分军士佯装攻城，惊扰测试一番。却没想到孙韶警戒森严，士卒们都在城墙上严阵以待，见有敌情，一声号令，箭发如雨。

孙权大为欣慰，经过斟酌，以及听取孙河原部属的建议，几日之后便委任年仅十七岁的孙韶为承烈校尉，统率孙河旧部。

孙韶禀谢之后，再提孙翊、孙河被害之事。在孙权的批准下，孙韶带上精选的十余骑勇士，与上次前往宛陵乘隙脱险回京的亲随，奔赴宛陵擒拿杀害亲人的妫览和戴员等人。

到达宛陵，孙韶并未草率行动。在探子的密报中，孙韶得知孙翊的妻子徐氏已在密谋复仇计划，便带领精兵勇士，设计混入府中，埋伏起来，以观动静。在徐氏假意应允与妫览成婚的大喜之夜，孙韶巧妙地配合了徐氏的复仇大计，里应外合，将妫览和戴员一并诛杀。贼首一死，妫、戴的兵丁尽弃刀剑，伏地投降。

孙权得报，见孙韶定京城，平宛陵，智勇兼备，便任命他为广陵太守、偏将军。黄初二年（221），孙权为吴王，迁孙韶为扬威将军，封建德侯，意为"建功立德"。黄武四年（225），又划出富春县一部分，设建德县，作为孙韶的食邑。此后，孙权与刘备爆发夷陵之战而迁都武昌，孙韶有数年没有见到孙权。一直到黄龙元年（229）孙权迁都回建业（今江苏南京）之后，孙韶才有与孙权见面的机会。

孙权又开始当面考察孙韶，问他青州与徐州各个军事据点和驻军的数量，以及魏军将帅的姓名，孙韶都一一对答如流。孙权很高兴，于是，任命孙韶为镇北将军，后又加封兼任幽州牧，假节。孙韶在任边将十余年中，一直深得人心，所辖区域边防安稳，军威大振。

赤乌四年（241），孙韶去世，享年五十四岁。

野生动物的守护者

我国的《野生动物保护法》是三十多年前修订通过的。可是，早在晋朝时期，浙江桐庐的深山老林里，有位叫郭文的志愿者，就已经先知先觉地成为野生动物的守护者，并与野生动物交起了朋友。

郭文是洛阳人，从小酷爱山林，每次到山里一住就是十几天。后来，父母过世，他一人无牵无挂，也不娶妻生子，索性做起背包客行走天下，探索名山野趣。

郭文从河南出发，一路只往山里跑。到了陕西，最初是住在华山悬崖上的一个石洞里。后来中原战乱，洛阳沦陷，华山也不安生，郭文又跋山涉水，一路向南。走到浙江桐庐环翠山的那天，天色已昏暗。环翠山是两县的交界处，虽无人烟，但水流充沛，视野开阔，郭文决定在此居住下来。没有遮风挡雨的栖息地，就自己搭个屋。郭文就地取材，砍了些树木架起了茅棚，棚内铺上树叶和干枯的杂草，再捡些石头垒起一个小灶用来煮水做饭，如此就成了郭文的家。

山里常有野兽出没，有时山里找不到食物，野兽也会窜到山下人家，伤害人畜。环翠山下的百姓们都抱团群居，恨不得离山远些。但郭文一个人住在山中，没有防备，也从不被伤害。他不喝酒也不吃肉，一个人就在山里的空地上种些小米、麦子，用采摘的箬叶和野果，拿去山下换点盐。郭文在集市上，从不与人争价格高低，有人用很低的价钱换取他的东西，他也不介意。逢上自己有余谷，还会带下山去接济穷人。

在山中，除了猎人，郭文也很少有交往的人。但据说桐庐的环翠山中有个道士，经常前去与郭文会面，与郭文谈人与自然，谈万物本源，谈山中野趣，也教了郭文很多养身修道的方法。与道士的结缘，冥冥之中更坚定了郭文对自然界一切生物应怀有敬畏之心的信念，他觉得自己喜欢山林是对的，更坚信人和动物是可以和谐共处的。

偶有猎户会上山打猎，郭文知道他们也要养家糊口，他无法干预。但郭文自己是不杀生的，更多时候，他还会去施救一些受伤的小动物。他会替散落的鸟窝搭好支架，把嗷嗷待哺的雏鸟重新放回到巢中；也会替受伤的野兔、坠落的大雁包扎伤口，重新放归山林。

有一天，郭文在茅棚里听到有虎啸的声音，探头一瞧，一只老虎正站在棚外，朝着他张着血盆大口。老虎看见郭文出来，立刻把嘴闭上，向前走两步，又把大嘴张开，目光并不凶残。郭文壮着胆子近身仔细一看，原来老虎的喉咙里卡着一根骨头，咽不下去又吐不出来，很难受的样子。郭文虽然略有胆怯，但还是深呼吸一下，把手伸进老虎嘴巴里，把骨头取了出来。老虎舒服地晃了晃脑袋，然后扭头跑往深山。

第二天大早，郭文还未起床，就被茅棚外嘭的一声惊醒。等出来看时，只见地上躺着一头已被咬死的鹿。他左右环顾，并未见人迹，于是若有所思地朝着树林里摇了摇头，便把鹿挪至一边。不久有猎户上山，郭文让猎人把鹿扛走。猎人要给郭文钱，郭文摆摆手说："我如果想要钱，就自己背下山去卖了，怎么还会让你拿走呢？"

后来，那只被郭文解救过的老虎，慢慢地有事没事都会出现在郭文家附近的山道上，对着郭文轻轻吼，郭文有时也会喊声"虎儿"，或者唱首山歌以回应它。一年后，郭文和那只老虎成了朋友，郭文只要拿木棍在锅底一阵敲，虎儿便会从深山里奔出来。郭文经常和虎儿在山林里穿梭、玩耍，并训练它。郭文在磐石上读书练功，虎儿就像卫士一样守候在一旁。郭文采摘野果或在地里劳作时，虎儿就帮助他把果实杂谷驮回家。天气好的时候，郭文也给虎儿洗澡，用手梳理它的毛发，抚摸它，和它说话，喂杂粮野果。慢慢地，虎儿在郭文的训练下，越来越乖巧温驯通灵性，它也习惯了听从郭文的摆弄和使唤。

有时，猎户打猎归来，郭文偶尔也会用谷米换下猎户手中的小猎物，给虎儿换换口味。猎户惊诧郭文能和老虎成为朋友，将郭文与老虎和睦共处的奇事传到山外，一传十，十传百，越传越神奇。这事传到了余杭的县令、朝廷的丞相以及皇帝老儿的耳朵里，人人好奇，要去了解郭文的神秘，了解为什么山里再凶的猛兽，经过郭文的茅棚都会很温顺平静，好像郭文已经成了山林的一部分，是它们的同类。

随着与虎为友的知名度越来越大，郭文原本清静的生活也受到了干扰，常有人会尝试观望他和虎儿。也很奇怪，有人在场时，警觉的虎儿只要郭文一声唤，立即温驯地匍匐在郭文的身边。朝廷慕名而来的官员问郭文："山里的野兽很凶猛，上山的人们经常受到侵扰，为什么你就可以不怕呢？"郭文苦笑着说："野兽凶猛是因为人类会攻击它，人类如果对野兽没有加害之心，野兽也就不会害人了。"

郭文长期以山林为床，星空为被，猛兽为友，也慢慢掌握了一套观天象看凶吉的本领。《晋书》里记载，郭文曾在丞相王导家的西园里住了长达七年之久，但突然有一天，郭文执意要回山里，并且只居住在临安山中。结果京城发生大规模的叛乱，大臣苏峻联合镇西将军祖约以讨伐庾亮为名起兵夺权。苏峻和祖约既是朝廷的官员，又是各自所统管的地区流民的黑社会老大。叛乱时期，各地都有战乱，叛军所到之处生灵涂炭，唯有郭文所在的临安却得以幸免。

战乱平息之后，府县官员劝郭文出山当官，发挥自己的一技之长。皇上也赏郭文功名厚禄，让他把自己的本领使出来效力朝廷，可郭文一概不受，他觉得自己是山中一介蛮夫，没有能力当官。后来，永昌年间流行瘟疫，郭文染病。病重期间，郭文又想回到山里，却没得到临安县令万宠的允许。此时，郭文看淡生死，他没吃王导送来的药，只说生死在天。绝食二十多天以后，万宠问他还能活多久，他扬了三次手，果然十五天后，郭文与世长辞。

据说郭文死后的皮肤如蛇皮一般，他的床席下还记载着一些未卜先知的事。而关于郭文的故事，民间一直在传他究竟是人还是仙……

从项猛奴到陈朝名将

　　周文育是南北朝陈朝时期的名将，一生征战疆场，人称大槊将军。他原名项猛奴，寿昌县人，周姓是义父周荟所赐。

　　周文育年幼时父亲去世，家中贫苦，但他从小身强体健，精通水性，十一岁便能来回游江数里，跳高五六尺。

　　江苏宜兴的周荟出任寿昌县的军事指挥官时，途中曾遇到周文育，对他的本事很好奇，便召他来问话。周文育道："母亲年迈，家中贫困，哥哥姐姐都已成年，家里受困于赋税和徭役。"周荟心生怜爱，便和其母亲相谈。在征得周文育的母亲同意后，将年少的周文育收为养子。

　　周荟任职期满后，便带着周文育一起返回江苏南京，请了太子詹事周舍为他起名。周舍起名文育，字景德，"周文育"之名即由此而来。

　　周荟又让侄子周弘让教周文育读书写字。周文育对周弘让所教的诗文并不感兴趣，他对周弘让说："从前在老家，我只会摸鱼砍柴。你给我的这支笔，在我手里，却是比我那把三斤重的柴刀还要重啊，能不能让我慢慢学？再说以后要想过上好日子，还得要靠大槊。要不，你还是先教我练武吧！"

　　大槊是古代的一种兵器，也就是我们现在所说的长杆矛。周弘让觉得这个小阿弟说得诚恳，考虑到培养人因材施教也是有道理的，于是，开始以教骑射为重，诗文为辅，交错而行。周文育天生就是个武将奇才，对于骑射术训练极为投入，从不偷懒，尤其钟爱大槊的习练。慢慢地，在义兄的训教下，周文育练就了一身好本领。

　　义父周荟有个同乡叫陈庆之，当时任淮南地区司州最高长官。陈庆之身体文弱，难开普通弓弩，不善于骑马和射箭，却富胆略、善筹谋，带兵有方，是个刚柔并济的文雅儒将。周荟与陈庆之关系要好，陈庆之请了周荟为前军军主，派周荟带领五百人去新蔡县慰劳白水蛮。

谁知，白水蛮却身在南朝心在北魏，见周荟前来慰军，与手下密谋，要把周荟擒拿献于北魏。幸好周荟察觉，他便和周文育领兵抗拒，摆开阵势和白水蛮力战。当时白水蛮的兵力很强盛，一天之中双方激战数十个回合，周文育冲锋陷阵，勇冠军中。义父周荟却在这场厮杀中不幸身亡。

周文育见义父战死，驰马冲进敌阵，一杆大槊横扫直挑，用白水蛮将士的尸体，在周荟尸首四周垒起了一道高高的人肉掩体。白水蛮将士见周文育如此勇猛，不敢再靠近周文育，更不敢再伤及周荟尸首，纷纷四散逃窜。白水蛮怏怏撤军。

周文育抢回了义父的尸首，回到军帐中，这才发现自己身上也受伤九处。伤愈后，周文育向陈庆之请求送周荟回乡安葬。陈庆之很欣赏周文育的节操，厚加馈赠，送他回乡。

将周荟安葬后，周文育随南江武官卢安兴征战俚僚，因功被封为南海县县令。卢安兴死后，周文育先后尊其子卢子雄、卢子略为主。大同八年（542），周文育随卢子略攻打广州萧映。当时，陈霸先担任高要太守，得知此事后便率兵救援，生擒周文育与杜僧明。陈霸先见他们武艺高强，便把他们释放，让他们统帅兵马。

陈霸先器重周文育，对周文育有知遇之恩，缘分匪浅。史传周文育却差点与陈霸先分道扬镳。话说周文育跟随陈霸先时，有个监州名叫王励。监州这个职位很特别，在官职上比知州小，可是在权力上，却和知州一样，甚至拥有可以直接上折子给皇帝的权力。可以说，监州这个职位是皇帝派到各州监视知州的。

王励对周文育很不错，委周文育以重任，让他当了个专门负责禁防的武官。周文育十分信任王励，两人年龄相仿，私交也甚好。王励监州任满，回京都时一心想要带走周文育。周文育也很想和他一起走。陈霸先百般劝阻周文育不要走，以留下来共创大业为好。周文育看看两位都对自己有恩，一时之间拿不定主意。正在犹豫时，却被王励一把拉着就走。

途经大庾岭时，偶遇一童颜鹤发的占卦先生，他对周文育说："客官这次远行，并非好事。过此岭北下，至多当个令长之类的。如果南归，公侯爵位在等着你呢。"周文育苦笑说："我只要有足够养家吃饭的钱就心满意足了，谁还敢奢望登公封侯哟！"占卦先生笑而不语，收起占卦摊子就走，周文育忙不迭地掏出五钱纹银递给他。占卦先生坚辞不受，只对周文育说："你今晚就会暴得纹银二千两。信与不信，明天早上再来验证。"占卦先生一走，周文育和王励便自顾饮酒吃饭。

待到酒足饭饱，天色已晚，两人也就在这家客店住了下来。当晚，在客店遇见一个商人正与人打赌。商人生得腰圆膀阔，五大三粗，加上身上穿戴衣物，足有三百余斤。他对着周围人说："我站在这里，如果有人能把我拎浮，双足离地三寸，我就奉上银子二千两为奖赏；如果拎不动我，则需付我十两银子。"许多人看着饭桌上一堆白花花的银子，忍不住心痒，纷纷上前拉开架势。却没想到，这个商人是个行家，任凭你如何使劲，就是纹丝不动。

商人得意的小样，激起王励的斗志，王励极力纵唆周文育上前挫挫商人的傲气。只见周文育绕到商人身后，单手拎着商人的腰带，猛喝一声，商人两足立马离地一尺有余。愿赌服输，商人不情愿地奉上二千两银子给周文育。周文育在众人的赞扬声中，想起了占卦先生临走时所留下的预言，若有所思。第二天早上，周文育便收拾好行李，向王励告辞，策马南归，重新回到了陈霸先身边。

此后，周文育跟随陈霸先南征北战，击败徐嗣徽，击溃萧勃，讨伐王琳等，先后被任命为使持节、散骑常侍、镇南将军、开府仪同三司、寿昌县公。直到永定二年（558）十月，陈霸先派周文育与周迪、黄法抃前去讨伐余公飏、余孝劢的南方之乱时，被豫章内史熊昙朗设计杀害，时年五十一岁。

陈霸先得知周文育死讯，十分伤心，特为周文育举行哀悼会，并追赠侍中、司空，赐谥忠愍。

陨落在落凤山的女皇帝

唐高祖武德三年（620），浙江睦州雉山县梓桐源的一间小茅房里，陈硕真出生了。

雉山县山高谷深，河道交错，山货水产十分丰富，朝廷在此征收的各种赋税要比别处多，雉山县的百姓生活在水深火热之中。

陈硕真十岁那年，父亲为了凑足莫名其妙的抬轿税，饿着肚子到深山里砍乌桕木，不慎从悬崖摔下身亡。母亲悲伤过度，一口气缓不过来，紧随而去。

父母双亡，陈硕真与妹妹相依为命，靠乡邻救济生活。过了两年，陈硕真把妹妹托付给一个好心的乡邻收养，自己去村里的富足人家做帮工，姐妹俩这才逃过了饿死的劫难。

陈硕真出嫁的那一年，雉山发生了百年不遇的洪灾。老百姓原本不多的粮食，让山洪冲得无影无踪。县衙的常平仓堆满了粮食，却不肯开仓赈粮。官商勾结，囤积粮食要到高价再出售。衙役们依然到受灾山民家里催要各种赋税。

陈硕真看到乡亲们的苦难，总想着为乡亲们做点什么。于是，她偷出东家粮仓里的粮食，用衣服包着挨家挨户送到乡亲们的家里。几次之后，被东家发现，东家把陈硕真吊在柴房的梁上打得遍体鳞伤。

乡亲们自发集聚在一起，把陈硕真救了出来。陈硕真干脆一不做，二不休，为大家指引带路，把东家的粮仓抢了个精光。

为逃避官兵的搜捕，陈硕真逃入深山，躲起来养伤。而她的丈夫在反抗催要捐赋的打斗中，被官府抓捕，砍了头。新婚不久就成了寡妇的陈硕真痛不欲生，想起自己的命运，生性豪爽，爱打抱不平，可最终也救不了几个苦难人，还差点被东家打死。

怎样才能把大家凝聚在一起？穷苦的人只有团结在一起，才不会受人欺压，百姓乡邻才能过上好日子。陈硕真在思考。

此时，佛教在中国已是十分盛行，不如另辟捷径，用道教来发展信众，作为以后对抗官府、保护自己的力量。陈硕真立即把想法付诸行动，扮成道姑，让妹夫章叔胤带人四处散布自己在深山得道的消息。

陈硕真得到高人点拨和传道的消息四处流传开去。原本群众基础就很好的陈硕真，得到了四乡八邻的信任，大家都希望陈硕真学好法术，为民造福。

几个月之后，陈硕真设坛布道，招收弟子。被陈硕真抢了粮仓的东家听说之后，第一时间向官府告发陈硕真利用民众的盲目迷信，"谋财害命"。

案子很快就报到睦州府衙。查实之后，睦州刺史整理案卷准备呈报京城。此时，陈硕真妹夫及亲信连夜筹款贿赂了刺史老爷。刺史老爷收了好处，竟以"太平盛世，方士传道，理所应当"为由，将陈硕真无罪释放。

放出牢笼的陈硕真，就像老虎归山。民众中更是盛传着陈硕真有仙术，京城官员也奈何不了她。陈硕真的势力越来越大，说话开始比官老爷还灵，就连平日里跋扈惯的恶吏，也都开始收敛。陈硕真眼看弟子们已发展到了上万人，觉得已有了与官府抗衡的本钱，决定正式宣布起义。

唐永徽四年（653）十月，陈硕真仿照朝廷的官制，成立了自己的朝廷，自称"文佳皇帝"；封妹夫章叔胤为仆射，管理整个朝政事务。

自立皇朝后，陈硕真得到当地人民的广泛拥护，有个叫童文宝的农民首领也拉起一支几千人的队伍，投奔到陈硕真的小皇朝中。一个月不到，队伍发展到数万人。

为了扩大势力范围，陈硕真和章叔胤兵分两路，章叔胤领兵顺新安江而下，攻占桐庐，陈硕真率军两千攻占睦州府衙。攻睦州府的那天，陈硕真还没摆开攻城阵势，守城的官兵一听说是会法术的陈硕真带兵打仗，竟无心恋战，落荒而逃。

陈硕真攻下睦州府的第二天就带着弟子向昌化进军，很快又攻占了於潜。睦州各地的百姓也纷纷组织了各种名堂的队伍，积极响应陈硕真的武装起义。队伍不断壮大，很快发展到四五万人。数日内，雉山、寿昌、建德、桐庐四县先后被攻克。

大江南北都震动了，陈硕真把李唐皇朝搅得像一锅烧开的番薯粥，一刻也不得安宁。为了剿灭陈硕真的起义队伍，唐高宗下旨在起义地区设置关卡，严格控制人口流入义军，凡进出睦州地区的人员一律受到严格盘查。

陈硕真看朝廷如此大刀阔斧，大有将义军困死在睦州的架势，不由得激起了压在心中多年的怨怒。趁着攻占了於潜、寿昌、建德、桐庐等县城，义军士气高涨，她决定一鼓作气，乘胜进军安徽，先攻打歙州，再向长安进发。

义军星夜到达歙州，却发现歙州城高墙厚，防守官兵在城垛上拼命向攻城义军射箭。义军大多是刚放下锄头柴刀的普通农民樵夫，既无攻城的长梯，也无打仗的经验，死伤不少，歙州久攻不下。

陈硕真在歙州受挫，就琢磨换个方向，杀向婺州，控制浙江，转战赣湘。陈硕真命令大将童文宝统兵四千，轻装突破婺州。

婺州刺史崔义玄一接到童文宝攻城、四门告急的消息，即刻下令守城官军严防死守；一面召集文武官员，商议抵御策略。崔义玄的司空参军崔玄籍认为，历史上起兵造反大多不成功，陈硕真只是个妄称有法术的山野女人，既无带兵打仗经验，也无充足粮草做后援，维系不了多久，必会自垮。

崔玄籍说的不无道理。陈硕真义军起义一个多月以来，攻克数县靠的是陈硕真的神威和义军兵士不怕死的精神，真正真刀实枪摆开阵势对仗的场面不多。婺州官兵却是常年训练有素，将官也都驰骋疆场多年，双方的装备更是悬殊。于是，崔义玄命崔玄籍为先锋，自己统领大军于后，正式向陈硕真开战。

陈硕真义军最终因粮草不足、士气动摇而无心恋战，陈硕真只得下令移师回雉山。

当义军且战且退至建德下涯埠的山脚时，崔义玄与扬州长史房仁裕的援军一起向陈硕真义军发起了攻击。前后夹击下，陈硕真义军惨遭失败。陈硕真及仆射章叔胤也在"下淮戎之战"中被人出卖而被俘。

陈硕真被俘的消息很快传到长安，唐高宗龙颜大悦，即刻下令对陈硕真处以极刑。陈硕真面不改色，欣然就义，时年三十三岁。

自此，建德下涯埠陈硕真退守被俘的那座山，便被百姓们唤为"落凤山"。

一门三进士，祖孙皆诗人

在科举时代，一门三进士是莫大的荣耀。中国历史上，"一门三进士"的书香门第并不罕见，而其中最为知名的是宋朝的苏家父子——苏洵、苏轼和苏辙。苏洵是父亲，苏轼和苏辙是两兄弟。两代三人，个个才高八斗，唐宋八大家独揽三席。

一门三进士，除去基因，家学传承，民间认为也不排除风水学所说的风水因素。一千多年前，严州桐庐的常乐乡，就是一个人文风水的渊源之地。村中有一户姓章的大户人家，祖孙三代进士，皆以风雅著称，在当时的浙中地区颇有盛名。他们分别是章八元、章孝标和章碣。

章八元，唐大历六年（771）中的进士。少时师从严维，在名师严维的传授下，章八元诗赋精绝，被人称为"章才子"，坊间流传的故事也很多。

章八元在小的时候就显现出高于常人的智慧。那时，他的头上还梳着两支翘起的小辫，挺机灵可爱。村中一老汉瞧见，便随口调侃他："小鬼头上生牛角。"章八元不服气，朝老人看看，看见他满口肉牙，就不客气地回应了一句："老头嘴里没象牙。"虽有不敬，却是对仗工整。

稍长大些，章八元进入报恩寺上学。课间，寺院高僧指着寺前一座山让学童们对诗。那山形状好像一只木筏，高僧的上联是"驾筏游天际"，学堂同龄人中，一时之间无人可对。章八元见山的对岸有块如船形状的长条石，便从容答道："乘舟赴日边。"

放学回家，因雨后路滑，章八元不小心摔了一跤，几个学童在旁边哈哈大笑。章八元从容起来，随口吟出一首诗来："天街玉琉璃，良驹显高技。一个海底冲，笑倒一群驴。"可见，章八元诗才的天分在少时就已充分显现。后来，隐居在桐庐的严维收章八元为弟子后，章八元的诗才更是突飞猛进。

唐贞观二十二年（648），太子李治为了追念他的母亲文德皇后，特建大雁塔，又称慈恩寺塔。唐代学子，考中进士后都会到慈恩塔下题名。章八元及第后，也去了京师长安慈恩寺塔，并在塔壁上题下诗作。许多年之后，元稹、白居易到寺游览，读到他的题作，吟咏很久，不禁赞叹严维名师出高徒。

章八元不只诗赋精绝，更与同时代的韦应物、刘长卿等文人名士有着往来，留下诸多美谈。

章八元有三个儿子，章孝标是章八元最小的儿子，登元和十四年（819）进士，时年二十八岁。他也以诗名显。

据说，章孝标参加科举考试一连考了九年，年年落第。当时与章大诗人一同落第的举子们都不服气，纷纷写诗讽刺主考官庾承宣，唯独章孝标例外，不但没有讽刺，反而给庾承宣写诗一首，诉其苦楚，这首诗名为《归燕词辞工部侍郎》：

> 旧垒危巢泥已落，今年故向社前归。
> 连云大厦无栖处，更望谁家门户飞。

庾承宣大受感动，觉得这个年轻的士子有胸怀，有格局。第二年，章孝标又参加科考，巧的是，这次还是庾承宣做主考官。这一次章孝标终于榜上有名。从这件事看来，章孝标的情商是极高的，深谙"曲径通幽处"之精髓。

揭榜后，按当时唐代的习俗，上榜的进士要回家省亲祭祖，章孝标兴高采烈地启程。漫漫科考路，这一次终于可以抖掉往昔的尘灰，告别旧日的苦读时光，美好生活在向他招手，章孝标想，无论如何，这一次必须让人刮目相看。

宋之问是"近乡情更怯"，而此时的章孝标则是"入乡兴更起"。长安南归，经过扬州时，章孝标想起了镇守扬州的友人李绅，于是大笔一挥，写下了这首《及第后寄广陵故人》：

> 及第全胜十政官，金鞍镀了出长安。
> 马头渐入扬州郭，为报时人洗眼看。

年长于章孝标的李绅见诗后，在飞扬的字里行间，窥见其膨胀之态。于是，他语重心长地对章孝标说："十年苦读才换来今天的进士及第，多年的媳妇熬成婆，实在不是一件值得炫耀的事。况且，进士及第只是仕途的敲门砖而已。"你才刚刚起步，往后的路途更要以平常心对待。

章孝标听了兄长李绅的话语，十分惭愧，再三拜谢赐教。后来，他一路为官，直至任职于国家图书馆，也始终铭记李绅的教导。

章碣是章孝标第四个儿子，唐乾符三年（876）中的进士。《唐诗百话》介绍章碣作诗虽用旧形式，却有新意。章碣与方干一样是位苦吟诗人，对封建社会的种种不合理现象，敢于讽刺、抨击，毫不留情，尤其是深刻揭露了晚唐科举场上的徇私舞弊现象。

章碣有一首诗作《焚书坑》，非常著名，对后世影响深远。诗曰：

> 竹帛烟销帝业虚，关河空锁祖龙居。
> 坑灰未冷山东乱，刘项元来不读书。

诗中，章碣对秦始皇为了钳制知识分子的思想，以巩固其独裁统治，收缴天下儒学书籍，统统烧掉，又把政治上的异己分子，以儒士为主，活埋了四百六十多人的蠢事，作了无情的讽刺和鞭挞。这也是秦朝短命的重要原因。

章碣为诗，工于七律，对律诗的形式勇于探索与创新，他的诗俊逸浓爽，寄怀深远，当时效法者颇多，可见其诗深受当时文人名仕的青睐。而章碣之所以能成为晚唐知名诗人，这与他出身书香门第之家不无关系，爷爷和父亲就是他榜样的力量，耳濡目染下的熏陶胜过一切积累。

一门三进士，祖孙皆诗人。章家以上三人，均有诗集问世，《全唐诗》更是收有祖孙三人的代表作品。章家以其族益昌，而成为严州桐庐之望族。

玉泉寺的开山祖师

都说有寺庙的地方，均有风水龙脉，灵气充裕，玉泉寺就是这样的宝地，日日晨钟暮鼓，福音袅袅。

玉泉寺坐落在乌龙山南麓，古严州府城以北，地势较高。寺院内建有山门、鼓楼、大雄宝殿、放生池、天王殿、弥陀殿、观音阁等，一应俱全。

有寺就有人修行，有人修行，香火便旺。烛照路，香导引，可见山脚下的府城是个被庇佑的福地，百姓心怀善念，积累善根，一代一代地虔诚祈福，利乐众生。

可是一千多年前，严州还被称为新定郡治的时候，这里的百姓对法门修持还是极为生疏，终日碌碌，缺乏信念和认知。直到有一天，一位目光睿智、步履稳健的僧人，风尘仆仆地来到小城，当他确定自己脚下的土地就是新定郡治所在地时，长吁了一口气。

数月的跋山涉水，就是循着佛祖的指引前来，这位僧人就是玉泉寺的开山祖师少康。

一千多年前，新定郡治的佛缘自此结下。

在众多法门中，净土法门因"三根普被，利钝全收。下手易而成就高，用力少而收效宏"的特色深受信众喜爱，佛法东渐，传入我国。对净土法门有特殊贡献的净宗祖师，至今有十三位，少康为净宗第五代祖师。

净宗五祖少康大师，又名山康，俗姓周，浙江缙云人。少康自出生就有不凡的形态，七岁，母亲便送其到灵山寺出家。十五岁，少康已通晓《法华经》《楞严经》等五部大经的奥义。后来数年，少康游历四方，到处听讲《华严经》《瑜伽论》，深研佛学义理。唐贞元元年（785），少康到了河南洛阳白马寺，结缘善导大师的《西方化导文》，开始树立研学净土教法、弘阐净土法门的坚实志向。

少康广征净土经典，潜心修习，在江陵地区宣扬净土教义时，受果愿寺高僧指引，方才领悟，前往新定（睦州），才是他以酬彼方众生的宿缘。

少康初到睦州城时，由于净土教法在此地，乃至江浙一带尚无人行持，因此百姓对净土教理不了解，对生活的喜怒哀乐更是无以寄托。该如何化度呢？少康苦思冥想，决定从三尺孩童做起，先化赤子之心。

少康第二天就去城里乞讨化缘，而后用化缘所得的钱，教导孩童念佛，每念一声"阿弥陀佛"就给钱一文，以资奖励。就这样，少康白天下山化缘，晚上在乌龙山南支脉山上修筑道场。

渐渐地，睦州城里念佛号的孩子越来越多，而孩子念佛得钱之事，势必会影响到其他年龄段的人们。一个月后，少康改为念"阿弥陀佛"最多的孩童就给小钱一文的方式，城里于是到处都可以听到孩子们念"阿弥陀佛"的声音。

少康风雨无阻地用这种方法行化了一年后，无论是孩童、成人，见了少康都会躬身双手合十念佛，少康一概不根究各人的念佛动机，始终面带笑容。睦州城中念佛之声遍及里巷，传遍江南郡县。

时机成熟，唐贞元十年（794），少康在乌龙山南支脉高峰上，启建善导和尚净土道场，筑坛三级，聚集大众举行共修法会。此后，每逢吃斋念佛之日，四面八方的信众有三千多人云集。

日复一日，少康的修为也是日趋精深，道场常有奇怪的事发生。有时少康登坛率领大家念佛时，每念一声，就有一佛影从少康的口中飘出；念十声，十佛如连珠贯出。每每信奉的众徒见到佛影，都会觉得是莫大的荣幸。

少康说："在我念佛时，你们能看见佛身，就能往生西方极乐世界。没有看见佛身也不要着急，只要真信净土，行善加功，日后定能看见佛身。"众弟子听到这个授记，欣喜异常，信愿念佛更为恳切。当时有少数未见到佛影的弟子，知道自己信愿念佛功夫不够，十分自责，因而加功用行，精进念佛。

少康如此用心良苦地集众修学念佛法门，收效甚好。在睦州府城及周边掀起了念佛求生净土的热潮，使得佛法广为传播，对人心向善、弘扬净土起到了积极的作用。

唐贞元二十一年（805），少康年届六十九。这一年农历十月初三，少康预知自己往生时限已到，便对弟子说："我世缘尽于今日，你们今后于净土应起增进心，对劫难起厌恶心，引导众生做好净土教义。"说完，他安然端坐，不久竟逝，身放数道光明，乌龙山也被映衬得白光一片，天象陡然异常。一时之间狂风四起，百鸟悲鸣。

少康圆寂后，道俗奔丧，络绎不绝。四众弟子在他曾经演过法的台子岩上修立舍利塔，人称"后善导塔"，少康也被称为"台岩法师"。

佛法的弘扬，离不开道场。寺以人显，玉泉寺能有今天的香火和厚重，与少康大师深远的积淀和影响是分不开的。

天下第一稿酬

唐代是我国古典诗歌发展的黄金时期。经济富足、政策开放的大环境下，满腹经纶换来生存优势的资本，是件约定俗成的事。不得一钱，何以润笔？文化人写诗写文章，既是文化活，也是商业活，得按市场价来。

唐代文人中，润笔费最高的不是李白、杜甫、白居易，而是另有其人——他叫皇甫湜，唐代名士，散文家，睦州新安（今淳安）人。

皇甫湜十多岁就开始漫游各地，投奔梁肃，拜谒杜佑，后又结交顾况，师从韩愈。唐元和元年（806）高中进士，历任陆浑县尉、工部郎中、东都判官等职。

皇甫湜写文章古拙高雅，个性却有几分偏执。在任工部郎中时，一次宴席上酒后失言，触犯了同僚。待酒醒后，觉得难堪，工作中难以面对同僚，便向朝廷请求到东都洛阳去任职。

因皇甫湜未升迁，官俸微薄，在洛阳的日子十分窘迫。当时，晋国公裴度任东都留守，在洛阳施行保民安政的政治措施。裴度用优厚的待遇聘请皇甫湜为留守府幕僚。皇甫湜倒也一点不客气地就接受了裴度的扶持，府上往来不拘礼仪。旁人看不下去，对裴度说，此人如此猖狂，不知感恩，枉费裴大人对他的一番厚爱。裴度一笑而过，对皇甫湜依然很宽容。

早些年，裴度讨伐淮西叛乱有功，朝廷曾赏赐给他许多的金银财宝。裴度信奉佛教的因果，常顾虑自己在征讨淮西叛军时杀生太多，会带来果报。因此，唐大和九年（835），他将这些钱财捐献给福先寺，用来重修佛寺。

佛寺修好了，裴度在完工宴上表示，打算请白居易为重建的佛寺写篇碑文。裴度说这话的时候，皇甫湜也在场，他十分不悦地怪罪裴度说："我皇甫湜就在你身旁，你却舍近求远写信请白居易撰写碑文。我相信，一定是我哪里忤逆了你，我的文章丝毫不输白居易，却让你如此不屑。看来，我留在这里也没有什么价值，不如现在就向你请求辞职回家罢了。"在座的宾客无不感到吃惊。

裴度连连委婉地向皇甫湜表示歉意，安抚说："我是不好意思有劳先生啊！考虑到先生是大手笔，怕遭到先生的拒绝。现在，既然先生您有撰写这篇碑文的意愿，这正合我意啊！"皇甫湜这才转怒为喜，笑着向裴度要了一斗酒。杯盏交错中，有了几分醉意，灵感说来即来，皇甫湜就地挥笔撰写碑文，洋洋洒洒，一气呵成，计三千两百五十四字。第二天皇甫湜酒醒，将前夜写好的碑文抄写了一遍，送给裴度。

皇甫湜写的这篇碑文，文思奇僻，书法也是剑拔弩张。裴度读了好长时间也断不了句。等读明白了，裴度不禁赞叹皇甫湜的文章独出心裁，字字珠玑。于是，他马上命人送去稿酬———一千缗。在古时，一缗相当于一千钱，算起来是一百万钱，稿酬不低。

但是，皇甫湜却很不满意，对官差说："请转告裴侍中，为什么这样敷衍我？碑文三千字，每个字三匹缣，给得也太少了！"官差听了既惊呆又愤怒，回到留守府中如实地向裴度汇报。在场的将校，听闻了皇甫湜的狂妄，都纷纷替裴度感到愤愤不平。

只有裴度懂得包容和惜才，他听到官差的汇报，一边摇头一边又笑着说："皇甫先生一贯如此。果真是旷世奇才啊！"立即派人按照皇甫湜提出的酬金数额，九千匹绢如数付给他。运载绢的车辆，自留守府衙到皇甫湜居住的地方，一辆挨着一辆。洛阳人闻讯后，都走出家门观看这独特的风景。这份稿酬，皇甫湜欣然接受。

九千匹绢，相当于三百六十万元，一千两百元一个字的稿费，要在今天，一定会让媒体大肆炒作。但皇甫湜就是有这样的气势，他觉得自己的文采值这个价。他与裴度的这段故事，被后人写进了《太平广记》。

其实，皇甫湜的高傲和无所避忌的个性，早在青年时期就闻名朝野。唐元和二年（807），三十出头的皇甫湜参加了由皇帝亲自主持的"贤良方正直言极谏科"考试，与牛僧孺、李宗闵直陈时政得失，所述话题无所避忌，并提出了一系列的改革措施，深得宪宗皇帝的赏识。宪宗皇帝给予皇甫湜"策文第一"的荣誉。

一时之间，皇甫湜谏言震动朝野，却也因为这次直言而得罪了当朝宰相李吉甫。皇甫湜的舅父翰林学士王涯也因为他，以"坐不避嫌"，被贬为虢州（今河南灵宝）司马。

好在皇甫湜的个性并不影响他的超绝奇特的才学展示。皇甫湜在朝期间，与韩愈、李贺交往甚密，三人常一起吟诗作赋，诗词唱和。皇甫湜与韩愈更是相互砥砺，至纯至真，共主"奇文"。那时，他已名满京华，被称为"文章巨公"。

唐穆宗长庆四年（824），韩愈因病免去吏部侍郎。他亲手写信给皇甫湜，嘱托他为自己作墓志铭。同年十二月，韩愈病逝，皇甫湜悲痛不已，亲手题写《韩文公墓志铭》和《韩愈神道碑》，以表内心痛失师友之情。

众所周知，韩愈朋友及门人弟子众多，却独托皇甫湜为他写碑铭，可见韩愈已视皇甫湜为自己的可承衣钵者。

为人惊世骇俗，为文崇怪尚奇，这是皇甫湜身上非常鲜明的两个特征。虽然恃才傲物，其孤高偏执的个性决定了他一生仕途坎坷，却不影响他成为中唐文坛的一代名家。

开发澎湖列岛第一人

唐建中元年（780），施肩吾出生在睦州分水县与新城县交界处的一个小山村里，家里穷得亲戚村民全都绕道走，庭前屋后尽显荒凉。

施肩吾的父母深知在这穷乡僻壤，读书是唯一的出路，等施肩吾到了学龄期，父母咬紧牙关，勒紧裤带，送他去分水五云山、龙门等地读书。施肩吾知道，父母盼着他有朝一日鱼跃龙门，谋得一官半职，可以改变家里穷困辛酸的面貌。

唐元和十五年（820），四十一岁的施肩吾赴京会试，考中进士第十三名。进士是科举考试的最好功名，是要通过最后一级中央政府的考试。科举时代，中个举人已是不易，何况进士。揭榜的那天，消息像长了翅膀一样，施肩吾的家乡开始热闹起来，家里更是挤满了前来探听消息的乡亲。

新城县的衙役敲锣打鼓前来报喜，分水知县老爷也差人喜气盈盈地前来祝贺。这可难坏了施肩吾的家人，两班报喜分属两个县，两边的衙役一个个撸手捋脚，为争夺一个进士公横眉冷对，僵持着。施肩吾的父亲犯难了，不知到底该接下谁家的捷报。

唐代有个不成文的惯例，哪个县官的管辖范围里出了个进士，知县老爷一定很快被朝廷调任提拔，因为他为朝廷培育出一个栋梁之材。而施肩吾的家，正处在两县相交之地，平时是三不管地带，少有问津，同村的许多乡亲还真当弄不清楚自家到底该归哪个县管辖。如今这穷乡僻壤出了个进士，两县竟互不相让，争得不可开交。

乡里的里正出来说话了。他居中而立，向两班公差拱手说："各位公爷消消气，这里的捐税都由小民收，小民也都交到分水去。进士高中属哪里，让他自己说吧！"说完，让施肩吾的家人接下两县的喜报。

喜报是接下了，衙役也送走了，可施肩吾的归属问题还是说不清道不明，以致后来相邻两县县令一直相争不休。因而那年，施肩吾的一举成名，也让两县县令名声大振，直到闹到京城皇帝面前，结果是"各升三级"，皆大欢喜了事。

施肩吾赴任江西按察使的这一年，正值唐宪宗驾崩、唐穆宗加冕登基的新旧交替时。眼见朝廷宦官擅权，朋党之争日益剧烈，朝政每况愈下，本来就名利淡泊的施肩吾深深感到仕途之凶险，实在不愿宦海沉浮。于是，上任不久，他就毅然辞官回到了分水老家，学着"不为五斗米折腰"的陶渊明，在离家不远的石壁书院隐住下来。

官是辞了，人也归隐了，可原来平静的生活却没有了。一个官位还没有坐热，就莫名其妙回到老家的进士，遭遇的闲言闲语可想而知。施肩吾思前想后，选择去洪州（今南昌）的游惟观隐居。在西山潜修二十余年，施肩吾自号"华阳真人"，潜心修道，先后写就《养生辨疑诀》等著作。《养生辨疑诀》一书，构成了他修道的基本思想。

在西山隐居了二十余年之后，施肩吾漫游台州、越州、四明、钱塘各地。晚年，回到久别的故乡。然而，战乱频仍，民生维艰，他萌发了寻找"世外桃源"的思想，于是携带家人，买舟泛海到了今天的澎湖列岛。

当时的澎湖列岛还是一个十分原始落后的地方。施肩吾诗作《岛夷行》是这样写的："腥臊海边多鬼市，岛夷居处无乡里。黑皮少年学采珠，手把生犀照咸水。"又腥又臊的海涂上，到处都是坟墓，岛上居民没几个，零零散散地散居在四处。施肩吾带去的族人，和当地人一起，风吹雨淋，一身晒得漆黑，在海水里捕鱼捉虾，捞蚌采珠，艰难地生存着。

施肩吾到海外寻求仙山净土时，有三十多个族人追随同行。这些人因为生活在比较富庶的分水，掌握了较为先进的生产技术和文明的生活方式。面对澎湖那些仍带着原始状态的土人，施肩吾族人的集居生活极大地提高了当地的物质文明与精神文明程度。他们带去的大唐文化，不断在岛上四处传播，对澎湖的发展起着积极的促进作用。

而施肩吾也为澎湖写了许多的诗，如《海边远望》："扶桑枝边红皎皎，天鸡一声四溟晓。偶看仙女上青天，鸾鹤无多采云少。"诗作中可见澎湖列岛的民俗与风情。施肩吾是我国第一个描写澎湖列岛的诗人。

再后来，朝廷在澎湖列岛设置了"巡检司"，确定专人负责防务、民政等事务，使澎湖列岛逐步成为我国东南沿海宝岛的一部分。这里无疑蕴含着施肩吾生命价值的光辉。

当到了唐懿宗咸通二年（861），施肩吾并没有如他所期望的那般得道升天、羽化成仙，而是和平常人一样，老死在澎湖，享年八十二岁。族人将他与先他两年去世的刘氏夫人灵柩运回分水，合葬在故乡石壁山麓。

扬州人心目中的大诗人

李白五十岁隐居庐山时写下《望庐山瀑布》："日照香炉生紫烟，遥看瀑布挂前川。飞流直下三千尺，疑是银河落九天。"

几十年后，一个叫徐凝的年轻人来到庐山，站在李白曾经站过的地方，被瀑布的磅礴气势所震撼，写下一首《庐山瀑布》："虚空落泉千仞直，雷奔入江不暂息。今古长如白练飞，一条界破青山色。"

两百多年后，大文豪苏东坡在书院无意间读到徐凝的《庐山瀑布》，居然越读越觉得徐凝不知天高地厚，提笔写了一首读后感："帝遣银河一派垂，古来唯有谪仙词。飞流溅沫知多少，不与徐凝洗恶诗。"写罢，拂袖而去。

苏东坡前脚刚走，宰相王安石后脚来访。不见东坡其人，却见书桌上一首诗，墨迹未干。王安石读罢，不禁摇头，也提笔附了一首读后感："界破青山无俗气，子瞻何事逞专横。只缘方寸多俗物，信口雌黄贬徐凝。"写完诗，也走了。

再后来，到了元末明初，吴中四杰之一的杨基路过庐山，想起前辈留下的诗作，写了一首《舟抵南康望庐山》，诗中说："李白雄豪妙绝诗，同与徐凝传不朽。"在杨基看来，两人的诗各有千秋，李白的《望庐山瀑布》雄豪妙绝，徐凝的《庐山瀑布》气势磅礴，都可相传不朽。

古今诗作频频，庐山名声大振。也因了苏东坡一句"恶诗"戏评，这个叫徐凝的诗人火了，他的一首庐山诗，从宋、元、明、清，直到如今都纷争不断，仁智互见，留下了一段诗学上的公案。

徐凝，唐代诗人，睦州分水人。早时与好友施肩吾在分水五云山安隐寺同窗读书，是同乡、同学，并同时进京赶考，两人经常一起吟咏诗词。后来桐庐的方干慕名前来拜师，随徐凝门下诵读诗书。徐凝有才，但终身一介布衣，潜心诗酒，这与他的性情不无关系。徐凝年轻时，也曾去长安游历求仕，因不愿刻意炫耀才华，也不善于拜谒权贵之门，故一生仕途不尽如人意。

不过，人生有得有失。徐凝年轻时和白居易的交往，以及白居易对他的推崇，为徐凝的诗歌创作产生了巨大的影响，历史上就有白居易"荐凝屈祜"的故事。

白居易任杭州刺史时，开元寺僧人惠澄从洛阳带了牡丹回来，于是邀请白居易前往开元寺观赏牡丹。杭州的文人雅士闻讯也都纷纷乘兴前去，徐凝从老家分水前往，较大伙早到了一步，便顾自游历观赏起来，并在开元寺壁上即兴题写了一首牡丹诗：

> 此花南地知难种，惭愧僧闲用意栽。
> 海燕解怜频睥睨，胡蜂未识更徘徊。
> 虚生芍药徒劳妒，羞杀玫瑰不敢开。
> 唯有数苞红萼在，含芳只待舍人来。

不多久，白居易以及张祜几个陆续到了，徐凝上前相见。众人一番诗咏之后，白居易见徐凝题的牡丹诗，大为赞赏，命人在牡丹花前摆下酒席，一干人一边赏花，一边饮酒，一边谈诗。张祜当时在杭州的诗名也是响当当的，在白居易的鼓动下，亦凑兴在壁上题诗一首：

> 浓艳初开小药栏，人人惆怅出长安。
> 风流却是钱塘寺，不踏红尘见牡丹。

唐人重牡丹，也爱咏牡丹诗。白居易细读徐凝和张祜的两首牡丹诗之后，沉吟半晌，觉得徐凝这首更具新意，依花抒情，适时合景合心意，便当下判评为优，而张祜的牡丹诗评为次。这段"荐凝屈祜"的故事一夜之间火了当时的长安文坛，几天后被张祜的好友杜牧知道，杜牧也愤愤地作了一首评论诗，以此为张祜鸣不平，可以想象白居易推举徐凝的场景有多么高调。

自此，徐凝的诗名大盛于元和年间，与元稹、白居易、沈亚之、施肩吾等常有诗歌唱和。而自开元寺观赏牡丹之后，徐凝与白居易交往日渐深厚起来，唱和也颇为频繁。不能不说，白居易对徐凝一生的创作起了推波助澜的作用。

唐开成二年（837），暮春三月，白居易接到离任公文。履新前，他专程从杭州赶到分水去看望徐凝。当时去看望徐凝的，还有一位前任睦州知府李幼清。两位老友的来访，让一介布衣的徐凝分外激动。没有山珍海味，唯有以诚相待。自家菜园种的蔬菜，分水江里钓的鲜鱼，再斟满自酿的老酒，三杯两盏，叙的都是友情诗情，直至夜深……山乡的夜，树影婆娑，月色如洗，让白居易彻底放下仅剩的一点公务杂俗之心，他索性不去住县城的驿馆，而在徐凝家留了一夜，也留下了一首《凭李睦州访徐凝山人》诗。

都说月下把酒诗百篇，徐凝在月下吟诗，往往是酒不醉人人自醉。吟着吟着，就与扬州也结下了不解之缘。扬州是个被唐诗宋词浸泡过的城市，其实，以徐凝的知名度及对后世的影响，放眼全国大概也只能算个二三流诗人。然而，在扬州人心中，那个叫徐凝的分水人地位丝毫不输李白、杜牧，这无疑得益于他的一首《忆扬州》：

> 萧娘脸下难胜泪，桃叶眉尖易得愁。
> 天下三分明月夜，二分无赖是扬州。

这本是一首风花雪月诗，所谓忆扬州，徐凝并未着力描写扬州的宜人风物，而其实是在忆"扬州女子"。偏偏这"天下三分明月夜，二分无赖是扬州"的绝唱，美得扬州人心花怒放，让呆萌的扬州人也因此认定：扬州原来如此之好。扬州月色，天下最美。

再后来，扬州城出现了徐凝门、徐凝门桥、徐凝门大街三个地名。难道就因为徐凝说扬州月色天下最美，扬州人便用他的名字命名了城门、桥梁和大街？果真如此，又为何没有一座杜牧门或者太白门？关于徐凝，一路都是无巧不成书的故事。

而作为徐凝的家乡人，无论徐凝与扬州的徐凝门是不是一种巧合，都会当成天作之合。徐凝，这个名字成了扬州城的形象代言，也成了分水人的骄傲。

无处不潺湲

在刘长卿卸任睦州司马一职六十五年后，著名诗人杜牧也来睦州任刺史了。

杜牧是个很有故事的人，少年时就胸怀大志，一心想成为国家栋梁。谁叫他是名门之后，标准的官三代，曾祖是将军，爷爷当过宰相，父亲也是个副厅级干部，杜牧的出道是自带光环和流量的，他就像衔着美玉出生的人间奇葩，有一个如梦似幻的人生。

二十岁时的杜牧，博通经史，尤其专注于政治学和军事学。二十三岁，杜牧以一篇华丽的以秦亡为题材的《阿房宫赋》一举成名，刷爆朝廷上下"朋友圈"。二十五岁，杜牧又写下长篇五言诗《感怀》，表达了对藩镇问题的见解，在朝廷上又掀起了一浪。到了唐大和二年（828），二十六岁的杜牧参加科考，进士及第。他春风得意马蹄疾，喜不自胜地跑到朝廷任职去了。

却没想到，杜牧生不逢时。当时的朝廷，有牛僧孺和李德裕两大势力。杜牧与牛僧孺是老相识，牛僧孺很赏识他，但是没有将他纳入嫡系。而李德裕虽然也看重他，却也没有将他纳入嫡系。牛僧孺和李德裕在互相攻击对方的时候都将杜牧视为异己，而杜牧就变成了两个人的出气筒。

这场党争整整持续了四十余年，杜牧这一生算是报国建功无门路，他毁在了牛僧孺和李德裕的朋党之争。杜牧很无奈，在朝廷郁郁不得志地混了几年之后，开始迁官外放。

四十岁以前，杜牧更多的是以落魄公子、风流文人的身份，身挂闲职。三十岁那年，他供职于扬州。扬州是大唐文艺青年的圣地，杜牧从那时起爱上了夜店，参加各种派对，为扬州留下"二十四桥明月夜，玉人何处教吹箫"等诸多千古名句。三十三岁，洛阳任上，他遇上故人张好好，写下了著名的《张好好诗》。

杜牧的才华在当时是掩盖不住的。他的诗大抵五大类：女子题材、忧国忧民、咏史怀古、写景抒怀、酬答寄赠。诗作明丽隽永，绝句尤受人称赞，世称"小杜"，以区别于"大杜"杜甫。在当时，与李商隐齐名，世又称"小李杜"。

唐会昌六年（846）九月，杜牧由安徽池州刺史位上调任睦州刺史。这一年，他四十四岁。

唐朝时，睦州又名新定郡，是浙西一个既贫穷又偏僻的小州。而此时的杜牧，对大唐政治已经有了深刻的认识，政治热情逐渐消磨，他有了强烈的知天命意识。与其刻意追逐，不如顺其自然，他想扎扎实实地活在当下，做好当下。

从安徽池州来睦州上任走的是水路。杜牧先从池州乘船沿长江东行，到润州（今镇江），然后转运河南下，经过杭州，再由富春江溯江而上，路途遥远，舟旅辛苦，有时还会陷入非常危险困难的境地。他在《祭周相公文》一文中曾这样追述道："东下京江，南走千里。曲屈越嶂，如入洞穴。惊涛触舟，几至倾没。"

经过杭州时，作了短暂的停留。在杭州，杜牧认识了龚韬，听他弹琴，与他畅聊。几日之后又上路。这一路上，杜牧都有一名姓卢的随侍陪伴在身边，两人结伴，以慰长途舟旅的寂寞无聊。但也是这一路，让杜牧饱览了浙西的山水风光，成了他一生中重要的创作题材。睦州的山水化解了他不得志的抑郁，心情渐渐轻松了起来。

面对江水如练、风景如画的睦州，杜牧诗兴大发，随口吟诵：

> 州在钓台边，溪山实可怜。
> 有家皆掩映，无处不潺湲。
> 好树鸣幽鸟，晴楼入野烟。
> 残春杜陵客，中酒落花前。

把如画的溪山比喻成可爱的美人，景中寓情，清丽明朗。一句"无处不潺湲"，瞬间让睦州山水灵动起来。对于杜牧的这首诗，古人评价较高，元朝初年方回在《瀛奎律髓》一书中说是轻快俊逸，纪晓岚则认为是"风致宜人"，结尾两句"结得浅淡有情"。

杜牧在睦州前后约两年时间，把睦州治理得井井有条，在自己力所能及的范围内，改革弊政，免除了猾吏豪胥额外强征的苛捐杂税。也是在会昌年间，睦州任上初期，宰相李德裕主持抗击回纥侵扰和平安泽潞藩镇叛乱的军事活动，杜牧向朝廷提出了自己的政治主张，上书陈述用兵方略，得到了采纳，并取得"泽潞平，略如牧策"的成效，可见他确实有军事政治头脑。

杜牧自从会昌二年（842）春离开京城长安，在黄州做刺史约两年多，迁到池州做刺史又是两年，到会昌六年（846）秋冬间，再迁睦州。这时，他离开故乡已经五年多了，并且是越迁官越往东走，距离京城长安是越来越远了，所以在睦州期间，他的乡思也越发浓厚起来，以至写下许多思乡的诗作。

睦州任上，杜牧与歙州刺史邢群有诗作往来，两人相互慰藉，十分交好。邢群留存在《全唐诗》中仅存的一首《郡中有怀寄上睦州员外杜十三兄》就是写给杜牧的。两人在来往的诸多诗篇中都吐露了对家乡的思念之情。邢群年纪不大，终因怀才不遇，心情抑郁而身患重病，五十岁时病逝。杜牧为此专门为好友写了墓志铭。

唐大中二年（848）秋，杜牧接到吏部尚书高元裕寄给他的一封信，信中表示了关怀慰问之意。杜牧自从出守黄州以来，迁池、迁睦，首尾七年，鲜有朝中达官贵人与他通书信，杜牧为此非常激动。同年的八月，杜牧接到内升为司勋员外郎、史馆修撰的新任命，据说是宰相周墀援引之力。

唐大中二年（848）九月初，杜牧开始收拾行李，准备赴长安就任新职。临出发离开睦州古城前写了一首诗《秋晚早发新定》，动身当日又写了一首题为《除官归京睦州雨霁》的诗，以此回望和纪念他在睦州两年多的职业生涯。

杜牧继而启程，取道金陵（今江苏南京）、宋州（今河南商丘），路上走了三个多月，于当年十二月到达京城长安，从而结束了睦州的刺史生涯。

人们尊他为"李王"

唐代寿昌长汀源是一个山清水秀、民风淳朴的好地方，李频就在这幽美的环境里长大。他从小喜读诗书，过目成诵，幼年时就显现出与其他孩童不一样的气质。

李频家的附近有一个溶洞，洞内山石奇异，地貌千姿百态，洞外山峰秀丽，草木青翠欲滴，是李频幼年极爱玩耍逗留的地方。有一年，寿昌大旱，在天降大雨后，寿昌县令穆君带着乡贤们来到溶洞的龙眼处还愿。见小路蜿蜒，林木葱郁，穆君不禁诗兴大发，随口吟出四句诗来：

> 一径入双崖，初疑有几家。
>
> 行穷人不见，坐久日空斜。

吟罢四句，再想往下续时，竟一时想不出好句来。随行的乡贤们你凑一句，他接三字，穆君总不满意。这时候，从前面树上传来一串银铃般的童稚声：

> 石上生灵笋，泉中落异花。
>
> 终须结茅屋，到此学餐霞。

穆君听了大为惊奇，这诗句不仅对仗工整，意境也是十分的清新。一行人急忙循声而去，却见一棵树杈上坐着一个八九岁的男娃，悠然自得地捧着一本书在看着。树荫下卧着一头黄牛，安闲地打着盹。这牧童就是李频。

穆君指着小李频对大家说："这位少年出口成章，气度不凡，今后必定会在你我之上。"临走之前，穆君一再鼓励小李频要继续刻苦学习，不可骄傲自满。

李频果然没有辜负前辈的期望，他不仅刻苦攻读，还出门求师访友。当听说桐庐白云源有个大诗人方干，诗名甚著，便前往拜访。没想到两人一见如故，诗来歌往，一唱一和，十分投缘。李频以方干为师，交往日子久了，两人后来成了好朋友。

在方干的指引下，李频结识了当时诗坛上的一些名流，更对当时诗坛领袖姚合十分敬仰。姚合是名相姚崇的曾侄孙，诗与贾岛齐名，时称"姚贾"。李频求学心切，于唐开成四年（839）偕同诗友喻坦之，千里迢迢专程去京师长安拜谒姚合。听说有两位江南青年求见，姚合随口说了句：先看看带来的诗作。当读到李频《湘口送友人》一诗时，姚合不禁拍案叫绝，连声叫好，马上通知门下，让李频进来。

两人相谈甚欢，姚合爱才心切，便留李频在姚府中住下。此后数月，姚合除了上朝理政，其余时间都和李频吟诗作赋。后来，姚合的女儿对一表人才的李频动了芳心，姚合索性将李频招为乘龙快婿。在姚合的耳提面命下，李频得到了很大的进益。

唐大中八年（854），李频考中进士，这一年他已经三十七岁，开始走向当官从政的道路。先是调秘书郎，任南陵县主簿，又升任武功县令。

李频到了武功县，当时京都四周的富豪士绅，多挂籍于神策军，以求庇护。神策军来头不小，来自陇右，曾是唐中央的劲旅。德宗、宪宗时常用以出征藩镇，长安西、北备御吐蕃的部分防务也由神策军承担。神策军的地位重，在宦官统率下，衣粮赏赐也比诸军优厚，于是戍守长安西、北的其他军队也都要求隶名神策。这样，神策军迅速扩大，德宗时已增至十五万人。

由于宦官控制了神策军及其他禁军，同时也控制了长安城及整个关中地区，从而造成宦官集团长期专权的局面，它对唐后期的政治和社会有重大影响。俗话说"有样跟样"，长安的富户和恶霸也学着禁军的做法，纷纷列名神策军以求庇护。这些人大多只是每月纳课，实际上并不入伍，只是借以逃避徭役和获得赏赐，有的还倚势横行，欺压百姓。

李频初到武功县时，了解到有个神策士名叫尚君庆的，仗着神策军的淫威，拖欠皇粮国税长达六年都不曾缴。李频接到百姓的揭发，立即把尚君庆捉到衙门里审问，还将他关进监牢，呈文府衙请求判以死刑，督缴所拖欠赋税。

李频的做法，让一些不法的豪强胆战心惊，老老实实地补缴了拖欠的赋税。从此，武功县出现了人人奉公守法的好局面。

除了整治吏治，安定社会秩序，李频还在武功县任上发官仓赈济灾民，用以工代赈的方法疏通荒废淤积了一百五十年的六门堰，接黄河故道引水溉田，使农业获得丰收，得到了懿宗皇帝的奖赏，并调京城任掌管监察文武百官的侍御史。唐咸通十四年（873），又升迁为都官员外郎。

唐乾符三年（876），李频病死在建州任内。由于勤于政事，深受百姓爱戴，建州百姓举城致哀，把李频安葬在建州的永乐洲，并在城东梨山立祠建庙，名"梨岳庙"，尊他为一方之神——"李王"，以表崇敬和纪念。

苦吟诗人方干

志业不得力，到今犹苦吟。

吟成五字句，用破一生心。

这是桐庐诗人方干《贻钱塘县路明府》中的诗句，也是诗人对自己一生怀才不遇，以及对诗艺执着追求的写照。

要问方干究竟多有才？晚唐进士、仙居人孙郃说"江之南未有及者"；唐代文学家王赞说"吴越故多诗人，未有新定方干擅自名于杭越，流声于京洛"；明代诗评家胡震亨说"方干为诗炼句，字字无失"；而清代诗人袁枚更是凄凄然地说"放眼古今多少恨，可怜身后识方干"……

方干，睦州桐庐人，祖籍淳安。方干幼年就有清俊之才，随父亲生活在桐庐的芦茨村，并从这里开始他的游学求仕的道路。

由于自小聪明伶俐，喜欢吟咏，八九岁的方干深受当时在桐庐已颇具诗名的徐凝器重。徐凝不仅教予方干诗词韵律，还时时鼓励他进行诗歌创作。

方干十岁出头的时候，小小年纪便写了一首《题桐庐谢逸人江居》，因为观景细致，诗句上佳，被徐凝称赞。方干欢喜雀跃，一路奔跑，不慎跌破嘴唇，留下一个大大的缺痕。从此，他就有了"缺唇先生"的称号，也正是这个缺陷，在他往后的仕途上留下一道难以逾越的高坎。

随着年龄渐长，与许多读书士子一样，方干想通过科举之路来实现自己的人生价值。可是，命运对方干是不公平的，他怀才不遇，屡试不第。

唐宝历年间，方干赴京赶考，成绩优异却未能及第，原因竟在主考官奏议："方干虽有才华，但科名不可给与缺唇之人，不能让四方外族笑我泱泱华夏竟找不出一个健康完整的人。"造成方干屡屡落榜的原因竟是外貌的缺陷。

方干心中虽然苦闷，但仍孜孜以求。为觅举和求仕，他从青年时代开始，就漫游怀州、金州、洋州、江州、黄州、漳州、广州等地，积极与当地官吏、隐士、方外之人结交，以吟诗作赋为娱，诗来歌往，寻找仕途的突破。

后来，当了解到钱塘太守姚合看重人才，方干立马和众诗友前去拜谒，呈上诗稿，却没想到姚合见他容貌丑陋，颇为冷淡，接过诗稿，看也不看就丢在了案桌上。方干受到冷落，当下便怏怏而归，心中不抱希望。

等过了好些日子，姚合闲来无事，随手翻阅了案桌上方干的诗稿，才大为惊叹。姚合被方干的诗才深深地打动，更看出了方干驾驭文字的深厚功底。他一边自责自己以貌取人，一边开始邀请方干到府上常坐。再后来，凡登山临水，姚合总把方干带在身边，平时则留在府里尽心款待，不忍放他回桐庐老家。

方干成了钱塘太守姚合的座上宾，却依然没有得到他的提携。姚合是个很有原则的人，不会利用自己的权力职务轻易向朝廷推荐提携某人，就连他的女婿李频，也是靠自己努力考中进士，才走上仕途，更不用说非亲非故、面目有残的方干了。

好在方干写诗依然很刻苦，擅长写律诗，清润小巧，并且有很多警句，加上有了诗坛大腕姚合的认可和叹服，方干在江南一带的知名度有了显著的提高。

方干出身寒微，"求名"以光耀门第及身怀报效国家的愿望，也没有什么不对。倒是其貌陋唇缺的外表，令他在仕进之中屡遭嘲笑、藐视而无视其真才实学，如此境况最让他屈辱和难堪。这一路为方干抱不平的人虽有不少，但方干终因应考不成，求荐无果，十余年来总是不能如愿，最后心灰意冷，有苦难言，不得已生出归隐之心。

方干在绍兴鉴湖的隐居时间最长，也曾设馆课徒，以此贴补自己的日常需求。他爱自己隐居的松岛与茅斋，每天在这里寻觅心灵的宁静与幽意。他关心长着芦笋的沙井、爬上藤花的岩石，还有一切细微的生命。所有的景物在他的眼中都是幽洁高雅、萧散悠然，散发着隐逸的气氛与情趣。

无论寄情于山水，还是栖心于佛禅，方干都未曾停止过对故乡的怀念，隐居生活的逍遥自在无时无刻不在激发着他的诗情和创作，以至方干为后人留下许多山水田园的传神诗篇。

方干在晚年曾被王龟器重。唐咸通十四年（873），王龟任浙东军政长官，方干前往拜谒。王龟十分欣赏方干的才华与操守，一起游览湖光水色。方干当下作诗《陪王大夫泛湖》及《献浙东王大夫二首》等作品。在诗作中，有"此时检点诸名士，却是渔翁无姓名"一句，方干隐隐地表达了自己再次希望有人荐举他的迫切心愿。

王龟乃王起之子，曾有隐居后又被朝廷征用为官的经历，所以他颇能理解方干的心情，于是决定向朝廷推荐。此时耳顺之年的方干，喜悦与感激之情溢于言表。却没想到，王龟回朝之日，突遭瘟疾，一夜归西。

一切都是宿命。方干一生怀才不遇，出仕无门，但他无疑是唐代诗坛的一颗亮星。

方干过世后，他的门人因他的道德名望，尊他为"玄英先生"，并搜集他的遗诗三百七十余篇，编成《方干诗集》传世。宋景祐年间，范仲淹到睦州做知州，拨款重建严先生祠堂，绘方干像在祠堂东侧以配享。

青山依旧在

寿昌航头的珏塘村，有一群翁姓人把自己称为"青山后人"。"青山先生"是晚唐诗人翁洮的别称。青山翁氏瓜瓞连绵，在睦州寿昌世世代代生活了一千多年。

翁洮的故事，得从他的叔父文七公翁明说起。唐僖宗乾符年间，文七公翁明千里迢迢从山东青州赴任寿昌县县长。翁明上任时，除了带着妻儿，还带着翁洮。翁洮的父亲文四公早年过世，母亲当年也紧随而去，翁洮从此成了孤儿，由叔父文七公抚养长大。翁洮虽是生在山东，但自幼长在浙江，被睦州山水滋养得灵秀聪慧。

为了抓好翁洮的教育，叔父翁明没少操心，每日指定书目让翁洮背诵，翁洮总是快速准确地完成叔父对自己的考核。叔父让背《孟子·梁惠王》，他就把《道德经》一并背了，叔父考他时，翁洮额外地把对《道德经》的认知分析得头头是道。翁洮说："《孟子·梁惠王》讲述的是仁君如何治理天下的道理，《道德经》说的是道法自然，讲究无为而治。大唐是李姓天下，《道德经》乃是老子李耳所作，历代圣上都对此经推崇备至。高宗皇帝称其为《上经》，玄宗皇帝时更尊称此经为《道德真经》。身为大唐的子民，也应该要熟读《道德经》才是。"听了这番话后，翁明对翁洮的聪颖天资极为叹服。

第二年三月三，寿昌县里举行诗会雅集，翁明有意带上翁洮，让他长长见识，并结交师友。这是一次睦州文坛的盛大雅集，长汀源的李频来了，睦州辖内桐庐的方干、施肩吾、徐凝也来了。天清气朗，艾溪边的竹林里，一群文人正乐陶陶地饮酒吟诗相谈。现场吟诗时，方干、施肩吾、徐凝、李频一干诗人诗思敏捷，很快成诗，博得座上一片好评。翁明一时难以出口成诗，众人起哄，要县长罚酒三杯。少年的翁洮眼看叔父要受罚，挺身而出："众位先生，小生不才，愿代叔父作诗，若是作成，能否让叔父免罚？"

众人打量翁洮，见他一袭青布衣衫，却掩不住满面灵气。方干带头说好，要求以"春日"为题，在一炷香内作出便可。翁洮向方干拱手道："先生，这几日正是繁花似锦，春日诗应是唾手可得。"稍加思索，翁洮便已成竹在胸，朗朗道来：

> 漠漠烟花处处通，游人南北思无穷。
> 林间鸟奏笙簧月，野外花含锦绣风。
> 鸳抱云霞朝凤阙，鱼翻波浪化龙宫。
> 此时谁美神仙客，车马悠扬九陌中。

一首《春日》将艾溪边上花红卉绿、雾掩岚浮的美景一下子送到众人眼前，"鸳抱云霞朝凤阙，鱼翻波浪化龙宫"更是让人看到了小小翁洮的过人志向。方干大喜过望，招手叫来翁洮："小翁洮，老夫欲收你为门生，不知你意下如何？"翁洮发愣，不知如何作答，边上李频捅了捅他："还不赶紧拜见老师！"

从此，翁洮的学问在方干、李频等众多师友的指导下突飞猛进。唐光启三年（887），翁洮如愿考取进士，开始了他的仕途之路。

翁洮生活的晚唐时期，藩镇割据，天下大乱。黄巢在山东起义，席卷了现在的大半个中国。唐僖宗召大将李克用去镇压起义军。李克用率兵攻入关中，将黄巢赶出长安，后又率军渡河，在中牟大败黄巢。黄巢军从此一蹶不振，最终被各地方藩镇镇压。

此时，翁洮在京城中央机构担任分管文教的"处长"。见到黄巢军被灭，很是振奋，认为国家有望。不料，朝中有昏官见李克用功高嫉妒，竟然向皇帝进言要征讨李克用。翁洮一听，大惊失色。用完一个人，立刻抛弃他，这是治国大忌！翁洮连上数本，说明李克用兵强马壮，又有灭黄巢之功，提议皇帝万万不可动征讨之想法，应对李克用加以安抚才对。

皇帝被奸臣迷了心智，还是下令征讨李克用。翁洮见朝廷昏招频频，大失所望，想起了少年时读的《道德经》，想起无为而治，萌生回乡隐居的念头。翁洮找到了同朝为官的同乡好友李频谈心，提及自己辞官的打算。此时李频也对朝廷无奈，支持翁洮不如到地方做点实事。

不久后，中央人事变动，李频调任福建建州刺史，翁洮则执意辞官回到寿昌。在寿昌，翁洮四处寻找隐居之所，走到寿昌城西外十里的航头桥边便停了下来。没有车水马龙扬起的尘埃，没有人头攒动的喧哗，相比起京城，这四野山乡就是世外桃源。翁洮写了一首《春日题航头桥》，以表达自己的心情：

> 故园桥上绝埃尘，此日凭栏兴自新。
> 云影晚将仙掌曙，水光迷得武陵春。
> 薜萝烟里高低路，杨柳风前去住人。
> 莫怪马卿题姓字，终朝云雨化龙津。

朝廷庸臣当道，各地动乱不堪，翁洮决定在家乡教书育人。这一年，他在航川白眉山下创立了青山书院，专门培养治国安邦的人才。中国古代书院始于唐朝，当时国内书院十七所，浙江仅两所，可以说，翁洮创办的青山书院也是中国最早的书院之一，而翁洮也成了我国最早创办书院的先贤之一。

翁洮辞官后，与翁洮书信甚密的李频，不忍心翁洮的才华埋没在乡间，再次向唐僖宗建言，力荐翁洮。这时，僖宗皇帝因征讨李克用时吃了败仗，想起了翁洮的先见之明，即刻下令让睦州守臣专门到寿昌县找到翁洮，请他出山。

此时的翁洮已深深爱上家乡山水，无意官场，便以一首《枯木诗辞召命作》呈给皇帝："枯木傍溪崖，由来岁月赊。有根盘水石，无叶接烟霞。二月苔为色，三冬雪作花。不因星使至，谁识是灵槎？"诗中，翁洮表明自己年岁已老，不适合再回朝廷做官，只愿在家乡颐养天年。

僖宗皇帝见翁洮把自己比喻成枯木，知道他心意已决，不禁感慨翁洮的才华却未加以重用，实是憾事。为了表示对翁洮的尊重，僖宗特地到皇家园林曲江池中捕捞了几尾大鱼，赏赐给了翁洮。

翁洮受朝廷多次征召不赴的佳话，被睦州百姓广为流传。翁洮过世后，被葬在寿昌县城西的青庵山上。为了纪念他，乡民还在寿昌县的文庙里为他立了塑像，每年正月十六都会进行祭拜。

以身许国，忠义长存

桐庐的新合乡以钟姓为主，他们的祖先在北宋太平兴国年间就迁居到这里了。

新合乡有一个传统，就是在每年的十月至次年的三月要制作索面，家家户户都会不约而同忙碌起来，家门前挂满了一排排索面。柔韧细长的面条悬垂晾挂，如层层白纱，暖风中到处弥漫着淡淡的面粉香。

这时候去新合乡做客，主人都会为你端上一碗香喷喷、热腾腾的索面，那索面特有的滋味，拌着芝麻的浓香，会刺激客人久违的味蕾，一碗下肚，尽觉生活是如此的美好。

这制作索面的传统，得从一千多年前忠救王钟厚讲起。

钟厚，北宋开宝八年（975）出生。自幼颖异，除了读书过目成诵，体格也是相当魁梧。在乡邻中，钟厚膂力过人，能左右开弓。年轻时，钟厚与父亲、兄弟一起担负家庭责任，或烧炭生财，或做些木头买卖经商获利，所以相比较而言，钟厚的家庭条件还是富裕的，当地人称为"赛陶朱"。

宋真宗咸平年间，北方契丹屡次侵犯南方，搞得百姓人心惶惶。钟厚见天下国不泰民不安，于是跟父亲说："此时正是大丈夫尽忠报国的时候，我要去从军！"

钟厚毅然放弃家庭的富裕生活，投军于殿前都指挥使高琼麾下，进入抗击契丹入侵的行列，以保卫国家的安宁。他作战勇敢，屡立战功，被授予游击将军之职。每次战斗，钟厚总是冲锋在最前头，军士们对他崇敬有加，尊称钟厚为"大先锋"。

宋真宗景德元年（1004），契丹再次侵犯大宋，并纵容部下大肆掳掠。后萧太后与萧挞凛率军围攻瀛州，直犯贝州、魏州、澶州，把整个中原扰得鸡飞狗跳。真宗皇帝听从宰相寇準、太尉高琼之言，决定御驾亲征，钟厚随驾前行到达澶州。

契丹统帅萧挞凛仗着自己兵强马壮，直冲宋军阵前。钟厚随主将李继隆奋勇抗击，射杀契丹兵马无数，剩下的敌军一看形势不对，向北溃逃。此时，契丹为了避宋军锋芒，主动声言要遣使臣向宋请盟求和，于是，双方休战十余天。

真宗皇帝赵恒驻扎澶州城，听到契丹求和的消息，便放下戒备，准备接受契丹的求和盟约，并开始嘱咐下属收拾兵马，准备启程回朝。

未料正当宋军放松戒备之时，萧挞凛却暗率精骑数千突然来犯，直抵澶州城下，宋军不及防备，人马死伤不少。钟厚接到快讯，火速率部队赶到城门接战，并奋力拼杀，杀退契丹兵马，同时敌酋萧挞凛中箭身亡，以致敌军全线溃败。

在钟厚的誓死保卫下，真宗皇帝这才得以平安回都城。但钟厚却在这次战斗中，因力战群寇受了重伤，最终在澶州流血过多，不治身亡，年仅三十岁。同年十二月，契丹遣使来宋营求和。次年春，契丹媾和，大赦天下。

到了仁宗皇帝时期，契丹再次违背盟约，入侵大宋。仁宗追念先朝的澶州功臣，在庆历二年（1042）追封游击将军钟厚为"忠救王"，下旨造庙祭祀，旌表钟家为"忠义之门"。

也是在这一年，宋仁宗赵祯派宰相吕夷简赴新合乡，赐封游击将军钟厚为忠救王。钟氏族人以索面招待朝廷大臣，并以此面馈赠，带至皇宫，而受到军臣百官和文人雅士的青睐，新合索面就从这之后开始名满京城。

再后来，钟氏族人在里嵩山村外梅树坞口第三罗星岩上，建造了"钟公庙"，用来纪念抗击契丹入侵为国捐躯的家族英雄。从此，"忠义"列入了钟氏家族的族规家训。

北宋末年，金兵大肆入侵，徽宗、钦宗二人被掳。南宋建炎三年（1129），高宗皇帝赵构再次加封钟厚为"天官明王"，照样用"忠义"旌表他的家族。

宋仁宗和宋高宗先后两次下诏追封钟厚为王，都是再次面临外来侵略时下的诏。这也是为了鼓励天下后世奋发向上，以立功立德为目标。就当时而言，就是为了激励广大军民奋起抗击外来侵略，为了巩固宋王朝封建统治的一种手段。而后世民众，尤其是钟氏族人，对钟厚公的敬仰祭祀一直是极为虔诚。

南宋景定元年（1260）夏秋之交，钟公庙被洪水冲毁。钟氏族人在里嵩山万八公倡导下，为防洪水再次冲毁庙宇，换址旧庄村外柏树坞口万春桥旁重建了钟公庙。

百余年之后的明洪武十三年（1380），钟公庙又重修一次。庙宇有三间平房、一间厢房、一个小天井。邑人明吏部尚书姚夔有《赠忠救王》诗云：

> 胡骑长驱帝独征，寇公奋怒展神旌。
>
> 闾民血落无成魄，可汗头悬不再生。
>
> 介石孤忠全国难，断金大节立军营。
>
> 今观决策澶渊处，夜夜风涛泣战声。

"文化大革命"期间，钟公庙内塑像被毁；1993年春，再度修复。钟公庙因为历史原因屡建屡圮，屡圮又屡建，足见钟公受人尊敬信仰，千年不衰。

先天下之忧而忧

范仲淹十二岁的时候，曾在路边遇到一个算命先生。范仲淹问他："帮我算一下，我长大能不能当宰相？"

算命先生吓了一跳，多大的小屁孩，居然开口就要当宰相，便回了句："小小年纪，口气倒不小哦！"

范仲淹有些不好意思，以为大官的命不大好算，于是又跟算命先生说："要不，你再帮我看看，我能不能当医生？"

刚才还在说当宰相，说变脸就变脸，这孩子如此三心两意。算命先生饶有兴趣地问："你为什么选择这两个志愿？"

范仲淹稚气却有力地回答说："因为只有良相和良医可以救人。"

算命先生反问："如果宰相和医生都做不了，你是不是别的就不做了？"

"如果这两样我实在做不了，那我就去农村办学堂、当老师好了，教书育人，让他们长大去当良相和良医。"

算命先生很感动，小小年纪，心怀天下。他告诉范仲淹说："你有这样一颗心，就是真正的宰相之心。你只要保持这样的志向，长大一定能当宰相。"

就这样，范仲淹慢慢地长大了，也真当了官。

北宋景祐元年（1034）正月，范仲淹到睦州任知州，这一年他四十六岁。其实，从范仲淹到睦州上任到离任，只有半年不到的时间。很短的时间，他却实实在在地做了三件事。

第一件事，就是小时候说的办学。

"山水真名郡，恩多补谏官。中间好田锡，风月亦盘桓。"这是范仲淹在睦州时写的诗句，诗中所提的田锡也是从前朝廷的右谏议大夫，是睦州的老知州。田锡十分重视教育，在睦州期间，把原来在府城东南角的孔庙，移到就近的西北角，在庙里办起学校，并揽下部分典籍印刷的活，把印刷挣来的钱作为帮助学堂读书人搞研学的经费。

封建社会重农抑商，读书是一件很奢侈的事。书本贵，笔墨纸砚贵，请老师讲课的费用也贵，所以睦州城的普通百姓根本读不起书。整个睦州城除了几个权贵子弟在学堂，读书的氛围是很冷清的。

范仲淹是睦州的父母官，但同时也是一位很好的教育家，他深知"万般皆下品，唯有读书高"的道理，到睦州的第二天就开始巡视辖内各单位，察访民情和教育。而后，在老书记田锡初创的学堂基础上，进一步开拓，创建了龙山书院，融庙学、书院于一体。

范仲淹学问渊博，常有睦州的民间学者来问学。除了公干，其他时间他概不拒绝，常常不知疲倦地给人讲解至深夜。讲学中，不以字义为限，而是举一反三，旁征博引。

自从范仲淹创睦州开书院之先河，其他的州府也开始一一效仿，竞相办起了诸多书院。范仲淹对之后的办学风气深感欣慰，他想到自己当年读不起书，也找不到地方读书，为了实现抱负，就住进寺庙的僧房里，昼夜攻读。如今地方为官，有能力了，再穷一定不能穷教育……

范仲淹在睦州的第二件事，是建严子陵祠。

严光当年多次被汉光武帝召到朝廷，许以高官厚禄。严光却不肯接受，归隐在富春江畔，每天耕地、种菜、钓鱼，过着自给自足的生活。范仲淹到睦州赴任的途中，经过严光的隐居处，心情很复杂，于是写下一首五绝诗句："光为功名隐，我为功名来。羞见先生面，黄昏过钓台。"这首诗除了赞颂严子陵的高风亮节之外，其实也可以看出范仲淹与严光的不同之处，看出范仲淹是以天下为己任。

上任后的第一个月，范仲淹来到七里泷寻访严子陵的遗迹及后裔，而后下令建严子陵祠，并请来了绍兴的美术大师，在墙上绘严子陵像。免除了严子陵后裔四户人家的赋税和劳役，让他们管理好祠堂事务。范仲淹这样做的目的，也是以严光的高风亮节来教化睦州的士绅百姓。在建祠堂的过程中，范仲淹还写下了备受世人瞩目的《严先生祠堂记》。

这篇《严先生祠堂记》中有一个小故事。"云山苍苍，江水泱泱。先生之风，山高水长……""先生之风"的"风"字，当时范仲淹用的是"德"字，"风"

是当时的青年才俊李觏提出修改的。

李觏是个耿直人，读了范仲淹的《严先生祠堂记》后，对范仲淹抱拳而说："先生这篇文章一经发表，定会走红。学生斗胆改易一字，会让文章更为完美，不知先生意下如何？"

范仲淹很吃惊，但依然诚恳听取。李觏说："云山江水，这个词气势博大，用意深远，可是如果以'德'字承接，显得过于拘泥。依我看，换作'风'字怎样？"范仲淹马上想到宋玉的《风赋》："夫风者，天地之气，溥畅而至，不择贵贱高下而加焉。"再读《严先生祠堂记》，发现"德"确实不如"风"更为契合。范仲淹欣喜李觏这个晚辈直率的性格和精到的见解，并接受了他的建议，改"德"为"风"。

范仲淹在睦州的第三件事，是兴修水利。

睦州城位于新安江、兰江、富春江汇合处，背靠乌龙山，面朝三江口。每年到了暴雨集中季，州城常有水灾发生。范仲淹在睦州的州府会议上反复强调，修筑堤坝是政府工程的重中之重，要让城中百姓免于洪水之灾，州城的发展才会有保障。范仲淹排除万难，亲自主持修筑南北向连接的堤坝，这条堤坝也被后人称为"范公堤"。

范仲淹在睦州不到半年，但他的那句"先天下之忧而忧，后天下之乐而乐"的忧乐观，却贯穿了他的一生，让睦州百姓永远爱戴他。

"你有这样一颗心，就是真正的宰相之心。你只要保持这样的志向，长大一定能当宰相。"当年的算命先生算中了。

明月照归梦

严州府志上记载着两个古迹，一个是大同万福寺，一个是默山书院。这两个古迹都跟一个叫胡楚材的人有关。

胡楚材，北宋年间人，出生在严州寿昌西湖桥边一户和睦的农商家庭。父亲凭着一副健壮的身体，耕种着白艾畈几亩良田。母亲很会盘算，打开沿街的门面开了个小杂铺。虽说家中没有多少资产，倒也把一个有十几个人吃饭的大家庭，安置得有滋有味。

胡楚材从小聪明好学，别看他长得文弱，性子却比较犟，牛脾气一上来，十头牛都拉不回来。四乡八邻的乡亲都说，这个伢儿跟田埂上的老黄牛一样倔。胡楚材虽然脾气犟，心地却十分善良，但凡他眼皮底下有欺负人的事儿发生，小小年纪都会仗义出头，无论对方是大人还是小孩。所以，四乡八邻的乡亲们都很喜欢他，也喜欢逗他，喜欢他那股初生牛犊不怕虎的劲儿。

转眼，胡楚材到了该读书的年纪了。那时候，能够送孩子到书院念书的，大多是有钱人家。像胡楚材这样出身于普通农家的孩子，大多还是随着父辈跟在牛屁股后面，帮衬家里种些稻麦维持生活的。胡楚材父亲也算是个有见识的人，他一心巴望自己的孩子能读好书，将来考取功名，出人头地。于是，他多了些心眼去张罗胡楚材的读书问题，也不顾旁人劝说，坚持把胡楚材送到离家没有几步路的彭头山一家书院里去念书。

可是，书院里的学生都是寿昌县城里一些富家子弟，整天不读书，只知道玩，不是比吃比穿，就是比谁的父亲官职大，谁家的丫鬟多。先生也不敢多管，怕得罪人。

上学没多久，胡楚材的父亲了解到书院的学风很不好，又把胡楚材接了回来，送到离家几十里外的大同溪口万福寺去寄读。

大同万福寺建于唐大历年间。除了因为庙中供奉的菩萨是从地下涌出的石佛而闻名四乡外，更是因为寺院也是个教学的场所。古时候，寺庙的出家人多为有学养有智慧的人，寺中除了收藏佛教典籍，也会收集其他类别的书籍，所以寺庙慢慢地成了培育人才的地方。当时的寿昌县，不富裕又有志气的人家都会把自家的孩子寄宿在寺中读书。万福寺的住持也乐得收些宿费贴补庙用。

胡楚材担着行李，在万福寺中寄宿了下来。胡楚材知道父亲的用心良苦，他让父亲放心，自己保证会用心读书的。就这样，胡楚材开启了在寺院寒窗苦读的学习生涯。

功夫不负有心人，数年后，胡楚材在庆历六年（1046）赶考，如愿登进士第。之后被朝廷派到江苏扬州的仪真县，当了个特派员——仪真判官。

在宋代，各州府都设置判官，一般选派京官充任，相当于现在的特派员。由于胡楚材为官清正，文笔又好，在任期间，口碑不错。几年后，朝廷把胡楚材抽调国家图书馆担任校书郎，专门负责校雠典籍，订正讹误。

到了北宋熙宁二年（1069），在宋神宗的支持下，由王安石发动的一场旨在改变北宋建国以来积贫积弱局面的社会改革运动——熙宁变法开始了。胡楚材非常赞同王安石的变法主张，并积极参与其中，却因性情刚直而多次得罪了一些持反对意见的权贵。宋神宗驾崩后，变法运动随之结束，反对派占了上风，王安石罢官回家，胡楚材在朝廷官场的处境开始日益艰难。

朝廷党争错综复杂，日子过得如履薄冰。一天夜里，胡楚材从朝中书馆回到家里，喝了点小酒。这酒一下肚，心中的郁闷进一步加深，他想起了家乡的彭头山，于是挥笔写下了一首诗：

> 久客倦行役，故山安在哉。
> 松竹读书室，水石钓鱼台。
> 明月照归梦，西风吹酒杯。
> 亭亭篱下菊，寂寞为谁开。

好一个"明月照归梦"，从此，胡楚材就起了弃官回家的念头。朝廷中有同僚劝他，人这一辈子不容易，从小父母辛辛苦苦把你养大，供你读书，你也辛辛苦苦地考了出来，在朝廷做了官，虽无实权，但也聊可光宗耀祖。还是不要多想，继续当你的官吧。胡楚材却一字一顿地说："我现在才算明白了，只要用功读书，想当个官，还是容易的。但想在仕途上走得好，却不是一件容易的事，如果当了官，却又实现不了自己的抱负和理想，那就更加痛苦了。我的性格还真是不适合在朝中迂回，不如回到我的故乡睦州，去过平民生活更好。"

胡楚材说到做到，不久，他就收拾行囊，辞官回家。

胡楚材从小就非常敬重他的前辈——唐朝诗人，也是同乡的翁洮先生。翁洮中了进士之后，也并没有选择当官这条路，而是在家乡航头的青山上建了一所青山书院，收徒授课，一边教书，一边吟诗自乐。胡楚材也效仿翁洮的做法，在家乡寿昌江南面的默山下，找到一个理想的场地，建了书院，取名默山书院。

胡楚材在默山书院过起了闲适的生活，除教书外，也常邀一些诗友到书院附近游玩吟诗。胡楚材善文，尤长于诗，睦州的奇山异水皆有题咏。他的不仕隐居，虽然有人觉得有些遗憾，但他的"仕而不得伸其志，虽禄而有愧于心"的君子之为，却一直被世人称道。

一琴一鹤 光照千秋

他是浙江衢州人，生于宋真宗大中祥符元年（1008）。年少时，双亲过世，由长兄赵振抚养长大。由于生活贫苦，他锐意进取，潜心向学，用知识改变了自己的命运。二十六岁那年，他金榜题名，进士及第，从此开始了宦海生涯。他就是北宋名臣赵抃。

由于在地方上工作出色，北宋至和元年（1054），赵抃被调入京就任殿中侍御史，专门负责弹劾不法官员。在这个工作岗位上，赵抃"弹劾不避权幸，声称凛然"，名震京城，成为那些为非作歹的权贵们的政治克星。

宰相陈执中是宋仁宗面前的红人，深得皇帝的宠信。有一次，陈执中的爱妾张氏因一个侍女犯了点小错，竟命人将侍女杖责致死。陈执中知道这件草菅人命的事后，令手下人不得将此事外泄。然而，世上没有不透风的墙，很快宰相家侍女被杖杀的消息传遍了京城的大街小巷。

作为殿中侍御史的赵抃知道此事后极为愤慨，认为身为宰相的陈执中难辞其咎，况且陈执中明知侍女被杀，还要掩盖事实，更是知法犯法。为此，赵抃给宋仁宗上了一道奏折，指责陈执中"失大臣之体，违朝廷之法，立私门之威"，要求宋仁宗将陈执中严办，以正朝廷的法度。

宋仁宗有意偏袒陈执中，对赵抃的奏折置若罔闻。赵抃的朝中好友及同僚也极力劝他不要鸡蛋碰石头，再去参劾陈执中了。但赵抃却冒着触犯龙颜的危险，继续向宋仁宗上奏，要求皇帝能够认真调查陈执中身上存在的问题，将其依法问罪。在赵抃的一再坚持下，宋仁宗只得立案调查，从而牵扯出陈执中更多违法乱纪之事，最终罢免了他的宰相职务。

当时，赵抃与包拯同在御史台任职：赵抃为殿中侍御史，职司宫禁之狱；包拯任御史丞，职司分巡朝外四方之狱。按今天的工作范围区分，赵抃负责首都各部委机关干部违法乱纪的案件，包拯负责地方官员违法乱纪的案件。

赵抃与包拯一内一外配合相得益彰，由于两人工作中都不避权贵，因此赵抃被称为"赵铁面"，包拯被称为"包青天"。戏曲中"包青天"的形象原型，一半是"黑脸"包拯，另一半是"铁面"赵抃，可见赵抃正直的名声可以与包拯并列了。

赵抃为官最为突出的政绩在四川。他到四川成都上任时，随身行李是布袋中的古琴与竹篓里的白鹤，分别驮在一匹马的左右，其他就是两袖清风。宋神宗听说赵抃的行李就是"一琴一鹤"时，极为惊叹，并广为赞颂。后来，一琴一鹤就成为为官清廉的象征，传为千古美谈。赵抃以身作则，率先垂范，精兵简政，整顿风气，使蜀地的奢靡之风为之而变。

北宋嘉祐三年（1058），赵抃任睦州知州。到了睦州，赵抃即刻深入基层开展工作。他用了大量的时间在桐庐、分水、淳安、遂安、寿昌辖内五县走村访巷，逐个详细了解每县的农业实情、创收能力。

回到府衙后，赵抃聚集部属讨论分析整个睦州的财政情况，继而上奏朝廷，应免除建德没有茶地却要交茶税，睦州素无牧羊的习俗，却无端受命每年须向邻州输送羊肉等不合理的负担。在赵抃的努力争取下，奏本获准，此举为睦州百姓减轻了不少负担。

赵抃是个极其注重团队建设、善用人才的领导，在睦州的日常工作和走访中，他处处留心观察下属官员的工作能力和民间口碑，大力推广分水县知县江震实施的保甲制，他以"监狱空虚，案件少"来考核知县执政能力，建立百姓自治的管理经验。

"人为闲郡我为荣，僚友多欢事少生"，这是赵抃在睦州期间创作的《和范都官述怀》诗中的第一句，意思是，大家都说当睦州知州是个很清闲而不值得一提的官，可我却觉得非常荣幸，我与僚属们一团和气，没有太多违法诉讼之类的事。这句诗也充分体现了赵抃治理睦州的能力。

赵抃大力培养选拔官员，在睦州任上，向朝廷推荐了寿昌知县郑谔、分水县令江震、建德县令周演、巡茶盐董诏、清酒务白昭明、兵马都监魏寅、团练推官姚甫、司理参军连希元、司法参军朱伯玉等十一位优秀官员，并向朝廷立下"保举的官员提拔使用后，不如推荐得那样好，敢当同罪"的承诺，白纸黑字，掷地有声。在赵抃看来，所有朝廷官员都该有承担政治责任的魄力，他成为中国倡导建立官员考察失误责任追究制的先行者。

在睦州，据说梅城的青柯亭最早并不叫青柯亭，而是"赏春亭"，亭旁的金银双桂，是北宋嘉祐四年（1059）赵抃在后衙修建亭子时栽下的，之后赏春亭和桂树相依相伴数百年。北宋宣和三年（1121），方腊率义军攻入睦州，烧毁了睦州衙署，"赏春亭"也毁于一旦。后人在原址上复建了亭子，一直未曾赋予亭子名字，直到清乾隆三十一年（1766），《聊斋志异》十二卷本在严州青柯亭内刊刻问世，这个石亭才开始改名为"青柯亭"。

千年的风雨沧桑，无论是赏春亭也好，青柯亭也好，都几度倾塌，又几经修葺，亭边的金桂也于前些年走到了生命的终点，只留下银桂尚且在世。历史上，不知有多少人曾在亭中品茗、树下闻香，年复一年地讲述青柯亭和金银双桂的故事，讲述知州赵抃的故事……

《九阴真经》的原创

金庸武侠小说中，武林人士数百年厮杀，只为得到江湖上最负盛名的武学秘籍《九阴真经》。

根据小说描述，《九阴真经》是一个叫黄裳的人写的。黄裳是武林中的传奇，为了报仇，练了四十多年的功夫，武功达到登峰造极的地步。遗憾的是，等他武功大成，仇人却一个个死去，万般孤独中，他只好将自身所学写成一部《九阴真经》。这是小说中的说词。

了解金庸小说的人都知道，他的小说背景，一般都基于史实，如此重要的人物黄裳也不例外。

故事得从九百多年前说起。北宋年间，一位官人携着一个十来岁的孩子，身后跟着肩荷书担的奴仆，来到睦州桐庐县东北二十里的禅定院。

禅定院在桐庐县城的浮桥附近，环境清幽，景色怡人，是一个安心读书的好地方。官人准备将孩子寄寓该寺院读书，以期日后有成。这个孩子的名字，就叫黄裳。

黄裳，福建南平人，跟随父亲宦游到天下闻名的严陵之地，之后就安心留下来读书。这一读就是十余年。

黄裳在桐庐读书时，旧志上载有这么一段逸闻。说的是有一天深夜，黄裳尚未歇息，仍在院中读书，忽闻一阵哭声自远而近传来，且极其哀楚。黄裳急忙叫仆人出去看看。仆人回报说是一个女子要投井自尽，被劝阻了。黄裳见事已平，也不在意，继续夜读。良久，黄裳听到两个人在说话，一个问："你的替身到了吗？"另一个哭着回答说："赚得一女子到这儿，被黄尚书放走了。"黄裳听后推门大声呵斥，却不见二人的踪影。黄裳后来果然进士及第，位至尚书。旧志所言这是鬼神在作怪，又言黄裳日后平步青云，无非是借鬼神的先知而推崇黄裳罢了，不足为信。

北宋神宗元丰五年（1082），桐庐县得到一个振奋人心的消息，当年的殿试状元，正是曾客居桐庐的黄裳。虽然黄裳并非睦州本地人，但他寓居睦州十余年，睦州人民早已把他当作睦州的子民，黄裳的状元及第，一样给他们带来了无比的荣耀。

黄裳状元及第后，历任颇多官职，累至端明殿学士。他著作丰厚，诗词语言明艳，如春水碧玉，让人心醉。自高中状元之后，黄裳的才华以及他的故事，都在睦州流传开来。

据说，黄裳早年在桐庐读书的禅定院附近有一个空旷的山洞叫阆仙洞，又叫紫玄洞、垂云洞，洞侧一寺叫大明院。北宋崇宁四年（1105），黄裳的好友天台山惠文和尚来到大明院住持。惠文清苦修行，广德善化，得到桐庐乡民的嘉许，并集资修缮了寺院，使大明院成为名刹。

北宋大观三年（1109），黄裳从杭州洞霄宫来睦州，惠文邀他作洞中一游。惠文在洞中对他说："最近一个算命的占卜后对我说，会有一个大官到这里超度两个佛家弟子，由此使大明院成为名刹。现在弟子已超度，您又来了，这难道不是一种兆应吗？"黄裳说："最近也有一个不寻常的人，说我自紫玄洞游人间世，应在浮桥之西为我造个紫玄庵，日后回来可以在这里颐养天年。"惠文听了大喜，就为黄裳造了一座紫玄庵。

紫玄庵造好了，惠文想，总该有个题记什么的。黄裳是个状元，写个题记是驾轻就熟的事，于是，惠文就上门求黄裳的笔墨。这阆仙洞其实妙不可言，被黄裳誉为仙人洞。洞中有石龙、石桥、石鼓、石佛，还有碧鸡去来、巨蟾鼓鸣，这些均出自天然，非人力所及。黄裳常常为这阆仙洞惊叹不已，于是提笔写下了《桐庐县仙人洞十题》。

到了政和年间，宋徽宗搜罗天下道家之书，整理成《万寿道藏》，并雕版印刷发行，共计五千四百八十一卷，而负责此事的人就是黄裳。此时的黄裳已年近七十，他小心翼翼，生怕出了差错，毕竟事关生死，不得不打起十二分精神，逐字逐句地校对研读道家学说。

意料之外的是，他竟因此校对而精通天下道学，并对其参悟很深。这一点在《演山先生神道碑》得到验证，碑中说他："颇从事于延年养生之术。博览道家之书，往往深解，而参诸日用。"再后来，黄裳索性将毕生所学，著成《九阴真经》。秘籍分为上下卷，被称为武学的最高境界。而黄裳就是这样和《九阴真经》有了密切联系，以至后来被金庸搬进小说。

北宋宣和三年（1121），睦州改为严州，黄裳已八十高龄。自福州离任以后，早已息心官场，啸然遁世了。或许觉得自己年事已高，时日无多，他毅然决定重回故地严州一游，以怀念青年时代那最美好的光阴。除了凭吊严子陵，严州太守周格还陪同年迈的黄裳游了乌龙寺。

乌龙寺，昔年黄裳不知游历了多少回，此番重游，感慨万千。在他看来，严州与他结缘很深，不管是他住了十多年的禅定院和阆仙洞，还是这乌龙寺，都能使他勾起美好的回忆，都能使他觉得这些地方才是寄寓人生的最好的地方，故留下一首《过严州同太守游乌龙寺》，以表心声。

也正因为黄裳的伤时感事，严州人民才会如此眷念他。

是谁赶走了宋徽宗的白鹇

在建德梅城镇的西门街，有一条坊巷叫江家弄。梅城镇的太平桥西、后历桥东，有一块旧塘叫江家塘。这两个地方，都与一个邑人有关，他就是北宋末年的台谏官江公望。

江公望的老家是建德三都圣江村。他从小聪慧，才思言行，超出同龄人之上。江公望的兄长江公著于北宋治平四年（1067）金榜题名，有了榜样，江公望发愤图强，六年之后（1073）不负众望，一举考取功名。

江公望中进士后，先任洛阳尉。其间，逢大旱灾年，江公望为解百姓忧苦，便组织抗旱。一场久旱微雨，令江公望喜出望外，不禁欣然作诗云："云叶纷纷雨脚匀，乱花柔草长精神。雷车却碾前山过，不洒原头陌上尘。"当时司马光为留台，读了江公望的《久旱微雨》，忍不住感叹道："此人有忧国爱民之心，惜乎异日泽不及天下耳！"

故此，司马光对江公望十分推崇，两人在工作中也时有来往，后来成了知己。江公望也因为司马光的推崇而盛名在外。

江公望爱民之心，更体现在他敢于直谏上疏之中。宋徽宗登位后，大赦天下。户部尚书王古因免除了欠缴粮赋，并释放欠赋之人，而被赵挺之诬陷倾天下之财，谋私惠于民间。当时江公望任左司谏，认为大赦天下，理当恩泽百姓，王古所为并非行私惠。于是上疏宋徽宗，阐明赵挺之是因泄私愤而诬人，以此蒙蔽皇上视听，混淆是非忠奸。

江公望担任朝廷左司谏一职，初时颇受宋徽宗器重。他所写的奏折往往都是与时政相关，兢兢业业地履行自己的工作职责。宋徽宗读了江公望的上书谏，连连称赞，并对江公望说："爱卿所呈的谏言，句句有味，已编入上等文字中，将与我的载记一起流传不朽。"还说："爱卿德高望重，儒雅有节，所陈之言，与我的心思也十分吻合，英雄所见略同，请公望继续辅佐朕治理朝廷。"

谏官是个得罪人的官职，给皇帝谏言，伴君如伴虎，随时都会有被贬和丢命的危险。有个叫陈祐的人与江公望同朝为官，也是个谏官。陈祐因为说了几句当朝宰相曾布的不是而被罢黜。江公望得知此事后，就上书对宋徽宗说：陛下自登基以来，已经换了三次谏官，驱逐了十位谏臣，这不是天下人所期望的。"夫谏臣养之不可不素，用之不可不审，听之不可不察，去之不可不慎。"宋徽宗听后，觉得江公望说得有道理，就没有撤陈祐的职，而江公望的这句话也成为千古名言。

后来，陈祐去见江公望，江公望对他说："榻前一砖之地，是人臣对君父极言天下事去处。惟上不欺天，中不欺君，下不欺心，则可免庚。人见各有不同，惟不可附会。"陈祐把他的这句话记下、背熟，作为日后行事的法宝。

话说宋徽宗喜欢画，喜欢书法，还喜欢珍禽异兽。当他还在端王府当王子的时候，驯养禽兽已是爱好，当了皇帝，这爱好更是热火朝天。一些下官为了投其所好，充分调动人力物力，搜罗珍禽异兽，来供宋徽宗赏玩和调教。于是一时之间，皇宫禁地，处处是天上飞的、地上跑的、水里游的。

宋徽宗如此投入地沉浸在驯养禽兽的乐趣中，耿直的江公望又坐不住了，他和满朝大臣一样焦虑不安。谏官是什么？是专门给皇帝提意见的人，提得好还行，提得不好，可是要掉脑袋的。看皇上兴致高涨，江公望依旧毫不含糊地履行自己的职责，上书力谏，苦口婆心地规劝皇帝说：玩物丧志，长此以往，必定会影响朝政，将来恐怕不可收拾。

宋徽宗终于还是接受了江公望的意见，并对他说："现在，我已经放走了所有的珍禽异兽，其中有一只白鹇，因为养的时间久了，有了感情，不肯走，我用我的拐杖赶它，它才依依不舍地离去。"后来，宋徽宗叫人在他的那根拐杖上，刻上"江公望"三个字，以此来时时提醒自己，记住江公望的谏言。

再后来，经宋徽宗重用，宰相蔡京开始把持朝廷。蔡京是个大奸臣，没人敢惹，但江公望却不畏权势，上书弹劾。数次谏言，后被贬谪到安南（今越南）。江公望在安南期间，虽然天天和妻子吃斋念佛，但心中从未忘记过天下大事。

江公望是一名虔诚的佛门弟子，早年"酷好宗门，参善知识，蔬食葛衣，砥节励行"，日常起居，皆依佛法行持，修学禅宗也是至诚用心。他在宦海中所表现出来的赤子之心，其实也是慈悲心自然之流露。

直至蔡京倒台后，江公望的贬谪才得到赦免。但因长期生活在南方湿热的环境中，身体染有多种疾病，且年事已高，他已不愿再返回朝中，而是回到故里——睦州。

临终一表胡国瑞

建德大同镇富塘村的附近，有一座石山，山体陡峭壁立，人称"城山"。富塘村的百姓都说，城山就像胡公正直伟岸的品格。胡公是这一带山乡百姓的精神领袖，他为人正直、为官清廉的故事一直激励着家乡的人们，留下的故事也成为良好的家风家训引领典范，在富塘村代代传承。

富塘村是胡氏的聚居地。胡氏，寿西望族，书香门第。自北宋末年至明朝的近六百年间，胡氏家族有三十三人考中贡士以上功名，其中进士十三人。仅北宋崇宁二年（1103），富塘胡氏一个家族就有四人同登进士第，这在中国的科举史上是不多见的。胡公国瑞便是四人之一。

胡国瑞自幼攻读诗书，聪颖足智，十二岁时便能写得一手好文章，在方圆百里小有名气。北宋崇宁二年（1103），胡国瑞二十四岁，如愿考取进士，授亳州司法参军。

胡国瑞在为官之初就以博学闻名，尤其在地理图籍方面有很深的造诣。后来，朝廷重修全国性的地理总志时，首先安排他负责大型地理书《元丰九域志》的编纂工作。完成《元丰九域志》编纂之后，胡国瑞受到了朝廷知枢密院事郑居中的赞赏和器重，经郑居中的推荐，又相继担任校书郎和著作佐郎等职，后调任国史馆编修，从事史书的编纂工作。从这个过程可以得知，在当时人才济济的朝廷中，胡国瑞的学术功底和政治眼光都是深受认可的。

只可惜，胡国瑞生活在南北宋交替的那个动荡的年代。

宋徽宗晚年疏于治国理政，更沉湎声色之娱，把朝政大事交给了蔡京等人去打理。蔡京是北宋末年"六贼"之首，"六贼"分别是蔡京、王黼、童贯、梁师成、朱勔、李彦，这六人基本都是宋徽宗时期的重要大臣，他们趁着宋徽宗只顾玩物、不理朝政之机，上下串通，贪赃枉法，横行霸道，弄得朝廷一片乌烟瘴气，中原大地更是民不聊生。最终，导致了南方的方腊起义、北方的金兵入侵。

　　胡国瑞看在眼里，急在心里，但他只是朝廷的文官，没有回天之力。"六贼"之一的王黼是胡国瑞的姻亲，按辈分，王黼其实应该叫胡国瑞"姑父"，但他的官位却比胡国瑞高许多。

　　王黼在自己的相府中设立应奉司，四方贡献先经相府，遇上心仪可人的，就视为己有。胡国瑞对此做法坚决反对。也因为胡国瑞深知王黼的为人，知道他是一个伪善而又贪婪的两面派，故从不以姑父的身份去和他套近乎，反而常常为国家大事与他争执。王黼恨透了胡国瑞，屡次污蔑攻击，要置胡国瑞于死地。

　　就在胡国瑞被王黼逼迫得进退两难时，时局急转直下，朝廷内外交困。宋徽宗不堪重负，于宣和七年（1125）把帝位让给了儿子钦宗。为了振奋精神，想办法把国家治理好，宋钦宗着手整顿朝政，并一举粉碎了"六贼"。

　　王黼垮台后，有人以胡国瑞是王黼的亲戚为由，要将他一起治罪。好在宋钦宗了解胡国瑞的为人，他说，胡国瑞与王黼虽然是亲戚，但两人政见一直不合而互不待见，不应以是王黼的亲戚，就要治胡国瑞的罪。最后，朝廷大臣危言耸听，胡国瑞还是受王黼之牵连，而被外放到舒州（今安徽安庆）任知州。

　　舒州是沟谷地带，时遇洪涝，再加上战乱频频，百姓生活异常艰辛。胡国瑞到了舒州之后，以疏流固堤、垦荒耕作安抚民心，深得民众爱戴。而朝廷这边，宋钦宗虽然粉碎了"六贼"，也采取了很多措施，但还是挽救不了北宋灭亡的命运。

　　靖康二年（1127），金兵围困东京（今开封）多日，并日日攻城。京城被攻陷的当日，宋钦宗连同他的父亲宋徽宗一起，被金兵俘虏北去。胡国瑞等一批忠臣只得南下，追随南宋朝廷。

　　可是，南宋高宗赵构不但不想平定中原，反而大肆迫害忠良。动荡年代，胡国瑞看着家不像家、国不像国的局面，自己又无力改变，十分焦灼和心痛。不久，便上奏宋高宗，以年老多病为由，告老还乡。

　　回到故乡富塘后，胡国瑞把全部心思以及毕生所学都倾注到培养后人这件事上。他在家乡开办义学，让附近的孩子们免费来上学，并把自家的田地划出一部分作为培养读书人的经费，名叫"赡士田"，后人称之为"义畈"。他在万福寺开办的学校，叫"城山书院"，后来又称"西竺山书院"，为故乡培养了大批人才。

虽然身在山乡，但胡国瑞还是忘不了国之大事，他一边教书，一边著述。五十三岁那年，他生了一场大病，自知将不久于人世，便在生命的最后时刻，向宋高宗上了一道遗表，要求陛下"勤俭立身，宽仁爱下，贵用物而屏玩好，登忠臣而斥奸回；省役务农，足食御寇，将帅均赏，守令惟人，一寻可久之彝，尽去不急之务"……

通篇尽是忧国之言，充分彰显了一代忠良胡国瑞的爱国之心。

砥柱亭中忆忠良

缙桧相逢在此亭，一和一战两纷争。

忠良不遂奸雄志，砥柱中流永此存。

南宋隆兴二年（1164）五月，张浚辞官换了一份闲差事后，特意到严州分水探望王缙，两人在分水江畔的浪石亭叙旧，张浚题赠了王缙这首七绝。诗句的开头"缙桧"指的是王缙和秦桧，这个故事，我们得从主人公王缙说起……

王缙，严州分水人。崇宁年间进士，早先在安徽、广东当地方官，为官期间，因政绩出色，入京担任监察御史，直至擢升为右司谏。担任谏官时，王缙知道伴君如伴虎，刻刻要当心。国家多事之秋，自己身负言责，稍有不慎，就会惹来杀身之祸。尽管如此，王缙依然严格要求自己从社稷安危大计出发，以正直之言启悟君心。

南宋绍兴五年（1135）八月，王缙一上任，就向宋高宗呈上了《上殿第一道札子》，针对宋徽宗留下来的崇儒重道、缺乏深谋远虑、无治国之方的弊端直率而言。他说：陛下重视和提拔台官和谏官，是为了让他们做朝廷的耳目，帮助陛下一起治理天下。然而，臣以为这还不够，必须得有经久之谋略，也就是纪纲不可不正，法守不可不严，储蓄不可不广，赏罚不可不明，军政不可不立，风俗不可不厚。纪纲正则上下之分定，法守严则侥幸之门塞，储蓄广则战守之计行，赏罚明则劝惩之道得，军政立则僭乱之患消，风俗厚则仁义之人出。人心由规则而可统一，国势由规则而可安定，这才是经久之谋、治国之道。宋高宗对王缙的这道奏章特别满意，多有采纳，并称赞王缙"中正不阿，得谏臣体"。

过了一年，王缙见朝廷上下纪纲法度还是不严，尤其是州县一级很难执行到位。于是，在绍兴七年（1137）的正月，王缙又列举史实上了一道奏疏《言纲纪法度不振》。他说，汉朝四百年的历史，土地辽阔，国力宏远，是因为有萧何的统一法制。到了曹参，也是守着法制，才有了之后的清静治国。试想，如果汉朝上下不能遵行统一的法令政策，各有各主见，该如何治理国家呢？大宋基业开创近两百年，不论地理位置的远近，文武官员各司其职，百姓循规蹈矩，上令下从，国泰民安，这些都是因为有法度纪纲在维持。可今天法度纪纲松弛，偏远的地方官员玩忽职守，纵容不法，暴敛行私，以致地方州县屡屡起民闹。陛下宽恤的诏书频频下，地方官吏挂于墙壁，不作为不守法，又有何用？纪纲不正，法度有名无实，陛下焦灼烦劳，也终是不能治本。

宋高宗对这道奏疏也动了心，但纲纪不振，积重难返，他已经习惯和朝廷大臣们睁一只眼，闭一只眼，苟且偷安，王缙的这道奏疏又能起多大的作用？

王缙有忠君报国之心，也有为民爱民之情。绍兴六年（1136），两浙大旱，禾稻歉收，民不聊生，不少朝廷大臣视而不见，听而不闻，照样横征暴敛。王缙为民解忧，急切向朝廷上奏章，提出"禁科役、免谷税、通籴船，以拯救灾民"的意见，被朝廷采纳，使两浙灾民减轻了苦难。当时，他还针对一些地方官吏营私舞弊、大兴冤狱之事，一连上了两道奏章。他用大量事实作依据，揭露官吏横行肆虐、百姓含怨受屈，甚至出现一狱致死四五十人的惨状，恳请朝廷整顿辨决冤狱。他在奏章中再三强调："辨决冤狱之旨，务在诚实，不伪虚。"不少受冤百姓得到昭雪，地方官吏的"暴敛营私"之风也受到了一定的遏制。

王缙知道，言官是朝廷内派系斗争中的争夺对象。有些大臣在相互明争暗斗中，也确实想利用他这个言官。可他始终坚持不结党、不营私，从不参与这类倾轧，且凭自己的能力，设法消除同事间的猜疑，使大家同心同德，共济国事。但他不和稀泥，有鲜明的爱憎观，对主张抗金的文武官员都非常尊重；对投靠秦桧主张对金议和者，又是非常卑视。

绍兴七年（1137），右相张浚派遣兵部尚书吕祉赴淮西节制刘世光部，被叛变的部将郦琼所杀。言官归咎于张浚，说他命帅不善。王缙不同意，当着众言官的面抗议说："命帅时，我们都曾参与其事，岂能张浚独罪？"张浚也有口难辩，只得上疏说自己有不察之罪，要求辞去相位。宋高宗本就有意由赵鼎取代张浚，也就同意了。当时有个大臣觊觎张浚的相位，暗嘱王缙弹劾张浚。王缙深知张浚立志抗金，不仅不弹劾，反而向高宗皇帝上了一道"张浚可以复用"的奏章，极言张浚为国立过大功，如藕塘抗金大捷还受过朝廷奖励，不能以一次过错否定全部功劳，并向宋高宗直言："朝无宰相为外夷轻，愿顾大体留浚以俟鼎。"这一言虽使张浚摆脱了困境，却惹恼了那个妄想接丞相之位的大臣，他反过来诬告王缙，致使王缙阴差阳错地落职，被调出京城，出知常州。

王缙对主张向金屈膝议和之辈以及投敌之人，一向卑视。他有一个旧部，投靠了秦桧，在伪齐政权供职。有一次，这个旧部路经常州，上门拜访王缙，王缙毫不留情，当面给予谴责。这个旧部受辱后，立即去禀告秦桧，使本来与王缙有隙的秦桧更怀忌恨。而王缙从不畏惧秦桧的权势，坚持表示与金议和为误国，深论秦桧罪无可逭。他还参与尚书右仆射赵鼎、参知政事李光、枢密院编修官胡铨三人上疏请立处决与金议和的秦桧、孙近以及王伦三人，以谢国人之举。可那时的宋高宗，对秦桧言听计从，这道奏疏不仅丝毫未撼动秦桧等人，相反，所有参与此事的人都先后受到秦桧的报复，王缙也被罢官。

不久，王缙即向朝廷乞休，回归分水老家。传说王缙罢官回乡之后，秦桧深知王缙之才华，为了扩大自己的势力，曾到分水浪石亭与王缙一聚，欲笼络王缙。谁知，两人在亭中就因对金主战还是主和的政治观点又展开激烈争论，最终不欢而散。

后来，这个浪石亭被当地百姓改为"砥柱亭"，就是为纪念具有坚贞不屈、能负重任的品格的王缙。

一岁五迁的起居郎

在古代，除了常科进士外，还有一种恩科进士，指科举制度中于正科之外皇帝特恩开科取士，也叫"释褐进士"。

宋徽宗政和三年（1113），严州寿昌永平乡人叶三省连续参加了国子监两次考试，均为优等，谓之"两优释褐"，因而获得了为官的资格，选任为中书舍人，一个掌管起草诏书的文官。自此，叶三省脱下布衣，走向仕途。

北宋宣和年间，叶三省开始官运亨通。先是调到光禄寺内做属员，掌管祭祀酒食供应。这个职位可是当时人人都羡慕的好差使，号称"饱卿"。叶三省在朝中为人谦和，行事不露锋芒，尤其是对同僚委托自己的事情，他一定会尽全力办妥，因而获得当时朝中大臣的首肯。每逢朝中人事调配，总有人会举荐叶三省。于是，就出现了叶三省在一年当中五次升迁的美谈。

叶三省把当时的九寺六监都历了个遍，直至当上了尚书右司郎中。古时把九寺六监两级官署并称为"寺监"。宋朝的九寺指太常寺、宗正寺、光禄寺、卫尉寺、太仆寺、大理寺、鸿胪寺、司农寺、太府寺等，六监指国子监、少府监、将作监、军器监、都水监、司天监等。尚书右司郎中虽然只有从五品，也是个闲职，但叶三省能够在一年之中从七品小官升迁到参与处理都省各司事务的从五品的右司郎中，其间一寺一监的沟通协调，没有扎实的办事能力和圆融的人际处理，还真是难以搞定。

到了建炎初，叶三省升至左司郎中，继而升任起居郎。

当了起居郎，意味着叶三省伴君如伴虎。每日随侍皇帝左右，除了记录国家政事，所有朝中事件、个人行为善恶都须记录，再交给著作官载入史册。叶三省天天跟随着皇帝，就有了能向皇帝进言的机会，他也成了许多朝中大臣拉拢的对象。尽管如此，叶三省仍是分寸不失。

话说叶三省在朝中当京官，但从没忘记自己是个农民出身。有一年三月，叶三省向皇帝递呈了回乡省亲的奏章。获得批准后，不带随从，一人骑着一匹白马，兴致勃勃登上了回乡路。

叶三省从杭州出发，经富阳，过桐庐，穿严州，直抵寿昌。沿途官员听得严州永平乡那个天天跟随皇帝的叶三省要回乡省亲，还要从自己的地盘上经过，都觉得是个难得的好机会，纷纷使出浑身解数欲热情接待，但都被婉言谢绝。

终于到了寿昌县城，知县摆开了酒席。叶三省思乡心切，径自骑着白马，向老家一路碎步而行。县官一行人向西赶去，一直赶到县城西郊。叶三省眼见寿昌知县就要赶上来了，想着设法避开。四处一望，前面村庄的村口田头有数名农夫正在干活，叶三省到了田边，跨下马背，脱去靴子，卷起裤脚，下田混在农夫之间，帮着干起活来。知县赶到，见叶三省帮着农夫干活，也慌忙下田干了起来。几名农夫从未见过县官老爷能帮着平民百姓干活，心想，这个带头的一定不是平常人。农夫赶紧拉着叶三省，用半南半北的官话说："这位老爷，您还是不要做了，我们担待不起哟。"

叶三省操着正宗的寿昌西乡的大同土话回复说："我是李家人，这次回家探亲，也想看看乡亲们的日子过得怎样。大忙帮不上，小忙帮衬帮衬的。"农夫听到家乡话，立刻与叶三省亲近起来："老百姓容易满足得很，只要不让别人欺负，能够好好地种田，就开天眼了。"

严州百姓是很淳朴的，没有太多奢望，他们只希望天下太平，安生过日子。叶三省紧紧地握了握农夫的手，连声说"会的会的"。

后来，这个村庄的百姓们了解到叶三省的身份后，十分感动。为了纪念叶三省下马干农活，就把自己的村庄改叫"下马山头"村，一直叫到今天。

到了靖康年间，蔡京擅权，朝政一天不如一天。在大是大非面前，叶三省从不含糊。叶三省和同乡胡国瑞以及之后的罗孟郊是朝中知交，叶三省积极支持好友罗孟郊主使国子监学生陈东上书揭露蔡京等六人罪行的义举。钦宗皇帝挡不住有志青年的声讨，迫于无奈，只得将六人之中的王黼、朱勔等治了罪。

后来，北方金军兵临国都开封城下。当时任尚书右丞相兼亲征行营使的李纲率领开封军民死命防御，亲自登城督战，击退金兵。金国朝廷改变策略，对宋军用起了诱降之计，朝中奸佞整日在宋钦宗耳边吹风。宋钦宗迫于金兵的压力，耳朵骨一软，偏听偏信，竟然想要罢免李纲，以讨好金人。

在金兵入侵的事件上，叶三省依然支持陈东，让陈东等领着京都朝野万余官民，到金銮殿外上书请愿，要求朝廷留用李纲为国效力，以挽救民族命运。后来，宋高宗南迁，秦桧当权主张议和。叶三省又和罗孟郊、杨炜、王远等人表示极力反对。

叶三省自那年回乡省亲后，心里总想起田间那个农夫的话——"只要不让别人欺负，能够好好地种田"，忧国忧民之情总难以放下。罗孟郊调到翰林院后，和叶三省及从政郎杨炜常聚在一起小酌，想到政见相同的同僚赵鼎、王庶的不幸遭遇，三人皆愤愤不平，黯然泪下。

当年的赵鼎时而被擢升，时而被降职。虽然二度出任宰相，到了绍兴十四年（1144）还是被贬，谪居三年后，绝食身亡。王庶曾任兵部侍郎，三品官阶却被贬任谭州府知府。在知府的位子上还没坐热，就被解除了职务。解职归朝路过九江的途中，又被剥夺了资政殿学士衔，王庶只得携着家眷回归故里，一路波折再起，等赶到贬所时身心疲惫，饮恨去世。

秦桧对主战派的人聚会总持高度戒备。当年赵鼎、王庶在世时，叶三省曾与他们交好，且有书信来往。如今聚在一起的仍是那几个持主战立场的职官，这不是摆明着拉帮结派、造反作对？于是，秦桧主使御史罗汝楫向高宗皇帝上书，诬陷叶三省、罗孟郊等人"饰非横议"，当立即惩戒。

南宋绍兴二十二年（1152），宋高宗受到秦桧的蛊惑，下旨惩办，叶三省等人含冤遭贬。罗孟郊被贬谪到兴国军，次年在贬所蒙冤去世。叶三省被贬筠州。

叶三省一生具有传奇色彩，他的故事在民间流传不衰。严州百姓将其灵位供奉在寿昌城内的乡贤祠中，享受后人永世祭祀。

威震东南的"方圣公"

方腊出生在北宋睦州青溪县万年乡碣村，从小聪明，有胆识。小时候读过几年私塾，为了谋生，十二三岁就离开了父母，跟着杨八桶匠学箍桶。

杨八桶匠带着方腊走南闯北、走街串巷，给人家箍桶。方腊勤劳又聪明，很招师傅喜欢。师傅懂历史，也经常讲故事给方腊听。那时期，闽、浙、皖一带正兴传着食菜事魔教，方腊接触教徒机会很多，食菜事魔的教义、教规对方腊成长中的思想及行为规范影响很大。但那时，他还是一心跟着师傅箍桶。

箍桶的原料是木料和漆，缺一不行。方腊跟着师父到杭州箍桶，发现杭州漆的价格贵得吓人。机灵的方腊想到家乡产漆多，如果将漆贩到杭州卖，要比给人箍桶赚钱好得多，还省力。于是，他开始做起了贩漆到杭州的生意。

方腊开始只是单一的贩漆，后来兼卖木头、茶叶。赚了钱之后，利用他家五代未分家、劳动力多的优势，开始较大规模地开辟漆园。经过几年努力，方腊成了浙西、皖南一带远近闻名的种漆大户。

家庭一富裕，地方官吏也出来捧场，推举方腊管理乡里事务。方腊是同辈十三昆弟中的老大，当方腊步入而立之年时，父亲去世。在还活着的父辈们推荐下，昆弟们一致推举他掌管这个大家庭。

另外，方腊性情豪爽讲义气，和身边的佣耕伙伴都成了有福同享、有难同当的兄弟。朋友多了，他开始在村头设立了拳坛、棒场，农闲时节带领大家习练武艺，强身健体。慢慢地，方腊在当地的影响力逐渐显露，这些都是未起义前积累的势力。

北宋末年，灾荒不断，税赋深重。老百姓辛辛苦苦地劳作，却没能换来果腹的刚需，日子过得一天比一天艰难。宣和二年（1120）七月，南方逢旱灾，种下的稻秧成枯草。看着大家陷入粮荒，一个个饿得面黄肌瘦、四肢无力，方腊也开始焦灼起来，苦于自己无力解救劳苦大众，于是每天思前想后地谋求对策。

办法是想出来了，策略是私刻睦州知府官印。凭着一张伪造的睦州府发放常平仓存粮，用于救灾济民的公文，方腊让青溪县衙常平仓的守库官兵打开了仓门。粮仓内堆满了白米，方腊一声令下，百姓一哄而上。等县老爷赶到时，粮仓的存粮早已被百姓抢了个精光。私刻官印散发官粮的举措，让方腊得到了更多穷苦的农民朋友的支持和拥护，他们以兄弟相称，财物不分彼此，过起了相互照应的日子。

另外，那时候的徽宗皇帝喜花石竹木，在江南设"苏杭应奉局"，派朱勔等人到东南各地，搜刮民间花石竹木和奇珍异宝，用大船运向汴京，每十船组成一纲，时称"花石纲"。方腊的出生地青溪多产竹木漆，是应奉局重点征收之地。州、县各层还巧立其他名目，强征官租，这些沉重的苛刻捐赋，压得大家透不过气来，各地民众怨声载道。

方腊痛感这种对民物、民力的肆无忌惮的抢夺与滥用，导致富者贫、贫者死的压迫之苦，而渐生对宋王朝统治的刻骨仇恨。为了把跟随他的苦难兄弟更好地凝聚在一起，他成了首领，广纳信徒，遂起对朝廷的反抗之心。

宣和二年（1120）十月，方腊在万年乡洞源里积极联络四方信徒以及百姓，筹备起义。在揭竿而起的誓师会上，方腊慷慨陈词，愤怒揭发宋王朝的罪恶统治，并自称"圣公"，建元"永乐"，提出"劫取大家财，散以募众"的口号，封方肥为宰相，汪公老佛为军师，杨八桶、方七佛、郑魔王等为大将，将起义军分为六等，从一条红巾开始往上编排士兵，以不同颜色的头巾相区别。

方腊领导的义军烧孔庙，毁神像，杀贪官污吏。批判佛教教义中"是法平等，无有高下"的虚伪性，指出"是法平等无，有高下"，主张实现真正的平等，积聚起义的力量。方腊的政治主张和起义行动，深受贫苦百姓的拥护，两浙饱受剥削压榨的各阶层人民就如一堆干柴，一经点燃就成燎原之势。方腊的盛名很快传遍了江南各地，各地响应起义的群众都暗中配合着方腊，监视着官府的一举一动。加入义军的队伍越来越庞大，数日之间，聚众十万，朝廷上下一片惊慌。

宋徽宗责令两浙路都监蔡遵、颜坦必须尽快全歼义军，否则，提头来见。蔡遵、颜坦不敢迟疑，当即带领五千兵士，从杭州出发，向青溪县杀来。见蔡遵、颜坦来势汹汹，方腊并不与其硬打硬拼，而是利用天时、地利、人和，结合山乡大雾和山谷的地理优势，于十一月二十八日，将蔡遵、颜坦官兵一举歼灭在息坑。这是方腊义军旗开得胜的第一仗。

方腊索性一鼓作气，次日，率义军打下青溪县城。十二月打出青溪县，四日攻占第一座州城——睦州。随后攻下睦州各县。之后，方腊率主力部队西攻歙州，于十二月二十日攻克。接着回师东线，向杭州进发。

十二月二十九日，方腊义军占领杭州，起义队伍发展壮大。各地百姓纷纷揭竿而起，响应方腊起义：苏州有石生，浙北湖州有陆行儿，浙东有剡县裘日新，浙南有仙居吕师囊、永嘉俞道安，浙中有婺州东阳霍成富、兰溪灵山朱言、吴邦。此时，在浙西的方腊部将郑魔王、洪载和响应部队已占领了婺州、衢州、处州等地。

趁着一呼百应的良好势头，方腊在杭州作出了分兵"尽下东南郡县"的决策，派方七佛率领六万人马进攻秀州（今嘉兴），以图北上攻取金陵，实现"划江而守"的计划。

而此时，宋徽宗已感到问题的严重性。朝廷一方面下令撤销造作局，废除花石纲，宣布免除起义地区三年田赋，以收买人心，瓦解方腊为首的义军斗志；一方面命令童贯率领十五万朝廷精兵，赶到秀州，呈两面夹攻之势，进行镇压。方腊部将方七佛攻不下秀州，退守杭州。

朝廷官军以重兵压境，起义军越挫越伤，地盘日渐缩小。宣和三年（1121）二月，方腊退出杭州，由富阳、新城、桐庐、建德、青溪，时战时退，最后只得率余部二十余万死守青溪帮源洞。四月二十四日，宋军从东西两面包围帮源，义军终于被官军与地主武装联手攻破，惨遭血洗，方腊也被宋将韩世忠俘获。

赤心铸忠魂

刘晏，严州建德人。

刘晏的少年时代，正是宋辽两国开战的时候。战争残酷，倒霉的是老百姓。也不知是谁给辽国萧太后出了个"釜底抽薪"的主意，把手无寸铁的宋朝男丁，一串一串地往辽国赶。

带走男丁，是为了让宋朝灭种绝后；带到辽国，是为了让青壮士们在辽国娶妻生子，生下的后代还得叫辽国人"外公""外婆"，以防外孙回过头来攻打外公外婆。

刘晏也被带到辽国，吃的是辽国的牛羊肉，膻气重，于是常怀念严州老家的青山绿水，怀念乌龙山野笋炖咸肉，怀念全家人围着火炉的场景。终于等到宋金订立了"海上之盟"，刘晏寻到一个投诚宋朝的机会，率百余士卒归宋。

朝廷对回国的将士嘘寒问暖，并注重发现和重用人才。刘晏也在归宋后被封为从六品通直郎，一心报效朝廷。

好景不长，金兵攻占黄河北岸，挥兵指向京师。宋徽宗慌张出逃，将皇位出让给太子赵桓，是为钦宗。赵桓改元为"靖康"，下旨要求从辽国投诚大宋的刘晏，即刻组建一支抗击金兵的队伍。

刘晏从原在辽国的熟悉人中招募，不到三日，一支近千人的队伍就齐刷刷地站在了钦宗皇帝的面前。钦宗皇帝龙颜大悦，说他感受到了宋室儿郎的赤胆忠心，于是当下命名为"赤心队"。

赤心队建立的第七天，正是正月初七日，金兵包围了汴京，士卒纷纷登上城楼守防。金兵用火船强攻，刘晏在宰相李纲的指挥下，用挠钩钩住火船的船帮，从城楼上投下大石块，将火船砸沉在护城河的水底。金兵又架起云梯，刘晏让人用火油浇在登云梯的金兵身上，再点着沾过火油的麻袋向金兵身上投去，登云梯的金兵被烧得直往护城河里跳。在汴京保卫战中，刘晏率领的赤心队成了抗击金兵的重要力量。

谁知，刘晏这边奋力抗金，那边宋钦宗为保皇位，竟派人向金国求和。损失惨重的金国对勇于抗金的李纲恨之入骨，见宋钦宗求和，就甩出话说："不除李纲，休想退兵！"宋钦宗听信身边奸臣谗言，顺从金兵的条件，罢免了李纲之职，并割让中山、河间、太原三镇，金兵方才撤军。

金国的欲望是填不满的，安生日子没过几个月，又开始了对宋朝的侵犯。在刘晏的力荐下，朝廷重新起用李纲，汴京的防守才得以巩固。李纲把刘晏这支赤心队划归在御营右军副都统制刘正彦的部下。刘晏带着这支队伍抗金、平叛，东征西战，为大宋皇朝立下汗马功劳。

靖康二年（1127）一月，金国再次向宋朝发起进攻。这场战事中，宋徽宗赵佶、宋钦宗赵桓二帝被俘。三月二十日，金太宗下诏，废了宋朝徽、钦二帝，贬为庶人，北宋宣告灭亡。直到六月十二日，宋康王在应天府即位，建立南宋，改元称"建炎"。

十月，宋高宗害怕金军的攻势，从河南商丘转移到了扬州。此时，全国政局不稳，人心惶惶。许多人成了墙头草，哪边风大往哪边倒，叛乱事件不断发生。

建炎元年（1127）十月，在河南开封东南的苏村，军卒丁进聚众数万投靠金国，起兵反宋。丁进的叛军在家乡闹了个把月，浩浩荡荡开始向外进发，到处强夺搜刮财物。战事一直连续到第二年的九月，丁进聚众准备攻打淮西。宋高宗派御营右军副都统制刘正彦带上刘晏以及刘晏的赤心队，再率三千精兵，前往淮西征讨。

十月，刘正彦到合肥驻扎了下来，让刘晏领赤心队骑兵八百骑，星夜赶到淮西。刘晏一到淮西，见丁进叛军已聚集好几万人，仅靠自己的八百骑兵绝对打不赢。思忖半天，决定采用疑兵之计，与丁进好好较量一番。

刘晏派人买来红黄蓝白黑五色彩布，制成五色彩旗。让八百骑兵手持红色彩旗绕山飞快跑一圈，紧接着又换成黄色彩旗再绕山跑一圈。如此反复换旗迅跑，把丁进吓得没了主意。丁进知道自己两三万部卒，大多是混饭吃的小混混，真动起刀枪，个个逃得比谁都快。南宋朝廷如今调来红黄蓝白黑各色官军这么多，再对抗下去，脑袋准得搬家。于是向刘晏投降。投降后的丁进叛军被刘正彦解散分在各个军营中。谁知丁进反复无常，到了建炎三年（1129）二月，再次谋反，被宋军擒斩。

兵荒马乱的年代，战事一波未平，一波又起。刘正彦原本在讨伐丁进的征战中凭刘晏的智勇立了大功，成了宋高宗的禁军头领，后来却因为宋高宗重用王渊，又被解除了禁军头领之职。刘正彦抱怨不公，手中禁军又为王渊所夺，于是对宋高宗恨得咬牙切齿。刘正彦开始和宋高宗身边的失意重臣苗傅密谋，杀掉王渊，逼迫宋高宗退位，另立新君。

刘晏发现刘正彦造反，还拉上自己为他拼命，就对部下说："我是宋朝人，讲究的是忠君报国。而今刘正彦欲图叛逆，众位意下如何？"其部下一听，都说愿跟随刘晏。刘晏说："我们若帮助奸贼做出大逆不道之事，那是不忠。若此时杀了刘正彦，又是不义。我看，还是另投明主为好。"众人一听都觉有理，于是跟随刘晏一起投奔抗金名将韩世忠。

苗刘政变，遭到朝野上下一片反对。韩世忠、刘光世、张俊等手握兵权的大将，一个个起兵讨逆。刘晏在韩世忠的指挥下，带着赤心队冲出皇宫，沿着富阳、桐庐、建德、寿昌一路追杀，最后终于在衢江边生擒刘正彦，在福建建阳活捉苗傅，并将两个叛将解送杭州。宋高宗赐予苗、刘二人磔刑，在临安将二人车裂处死。

平定苗刘逼宫后，宋高宗重重赏赐了刘晏，从正六品升从五品的武职外官，照现代说法，属中高级将领，在当时至少也是宣抚使副使一级的大官儿了。提拔后的刘晏依然忠心耿耿地做好韩世忠的前军将领，率领赤心队屯驻在青龙（今上海青浦区），严阵以待。

此时，正逢杜允部下以戚方为首的叛军溃卒进犯扰乱常州，刘晏带着七千赤心队精锐，出其不意地出兵，替常州解了围。常州人民为了感谢刘晏的救难之德，纷纷捐银捐物，出勤出工，在常州城里给刘晏建了一座生祠，常年享祀。

然而，叛乱中逃跑的戚方并不死心，在广德安耽了些时日，看朝廷忙着与金国周旋，又探听到刘晏正在苏北一带与金兵僵持，就带着当时常州叛乱的余党部卒向宣城进发。宣城在戚方的日夜攻击下，东南西北四个城门频频告急。因戚方最惧刘晏，韩世忠赶快叫过刘晏，让其前往救援。

刘晏接过韩元帅的军令，赶忙召集赤心队众弟兄日夜兼程直往宣城赶去。到第三天的傍晚，刘晏的赤心队已赶到宣城境。刘晏一见戚方，跃马便追，两人一逃一追，直向广德方向飞驰而去。

约莫过了半个时辰，戚方回头一看，不由得得意而笑，原来，刘晏身后跟着的全是戚方的部卒。赤心队的兄弟们已经日夜兼程奔袭了三天两夜，哪里还赶得上叛军抖擞的饱马。

刘晏力杀数十叛卒后，终于寡不敌众，被戚方部卒所害。

等赤心队众弟兄赶到时，看自己主帅被害，个个愤怒不已，直杀得戚方叛军身首分家，尸横遍野。戚方一人单骑逃脱到安吉蛰伏。没多少时日，戚方便被岳飞击杀。

刘晏的死讯令韩世忠和临安城里的宋高宗万分悲痛。宋高宗下旨赠刘晏为龙图阁待制。刘晏的四个儿子皆封官，入京享受朝廷俸禄。另责成宣城郡守，在宣城城内择地建造"义烈庙"，供奉刘晏，岁时祀之。

不畏强权的叶义问

宋高宗建炎二年（1128），严州寿昌人叶义问得中进士。朝廷安排他到饶州当了个教授，兼摄郡事。

叶义问刚到饶州，就碰上了一场百年未遇的大旱情，田地难种收获少，百姓个个饥肠辘辘。官衙里的常平仓有粮，朝廷一日不下令，就没人敢动用。

叶义问进退两难，看着常平仓的粮食，心里着急，觉得自己只是个分管学校课试的小吏，摄郡事只是暂时代理，没有实权独自作出裁夺。加上官仓中的存粮，都是朝廷在谷贱时加价购入、谷贵时减价售出的应急之粮，不是一件轻易可以处理的事。

思量再三，叶义问还是召集同僚共商大事，原本想能征得同事们的共识，放出常平仓存粮，解救百姓苍生。可是，在这要紧关头竟无人附和，同僚们都咬紧牙关不言语。

无奈的叶义问想起了当年同在饶州当过知府的范仲淹，想起他"先天下之忧而忧，后天下之乐而乐"的警世名句，把心一横，当下决定先解救饶州百姓要紧。于是先斩后奏，不管朝廷如何处置，也不顾自己的安危，毅然将常平仓的粮食放了出来，赈济饥民。

叶义问的做法，激起同僚们的多种反应。有人替他暗暗捏了把汗，也有人站在一边旁观，更有人躲在后面放射暗箭。当时的提点刑狱官黄敦就在背后朝叶义问狠狠地"射了一箭"，他在当天写了密疏，加急呈送给宋高宗，弹劾叶义问，告他玩忽职守，不把皇帝放眼里。

叶义问吉人天相。高宗皇帝接到黄敦的密疏后，不但没有责备叶义问，反倒认为叶义问是为皇帝安抚了地方百姓，为朝廷解除了一场可能发生的饥民骚乱。

于是，朝廷下旨提升叶义问到江宁县当了个有实权的县令老爷，不久又升为江州通判。而那个背后向叶义问放冷箭的黄敦，哑巴吃黄连，一点好处也没捞到。

话说叶义问到了江州的时候，秦桧已掌握朝中大权，正在朝廷中大量地安插亲信，排除异己。那时，只要顺了秦桧，就意味着母鸡变鸭，平步青云；若要有悖于秦桧，一定没有好下场。

豫章太守张宗元就是悖逆于秦桧的人，秦桧教以飞语伤人罪，嘱漕臣张常先陷害张宗元。张常先再三思忖，计划假他人之手行事，于是派了官差前往江州府衙拜见叶义问。

叶义问见官差言行处处笼络他，一副低媚讨好的行径，即刻警觉，料想没什么好事。于是将此人引到大堂上，正儿八经地摆起了公事公办的架势来。官差见叶义问不领情，索性抖起威来，在大堂上大模大样地坐了下来，怀中掏出一封密函，递给叶义问说："我家老爷让我将这封书信交给你，要你马上按信中意思办理，切莫当儿戏。"叶义问打开书信一看，十分惊心。此信是漕臣张常先所书，信中之意就是豫章太守张宗元近日将路过江州，要叶义问设法把张宗元扣送京城，交给大理寺秉公处置。

张常先是江西广丰人，北宋末著名将领张叔夜的第三个儿子。那年金兵南下，张叔夜率军驰援，与金军连日大战。结果城池失守，张叔夜受了重伤，被金兵所擒。后来是连同秦桧一起，陪随徽宗、钦宗两帝一同押往金国。在宋辽的界河一个叫白沟的地方，张叔夜不甘受辱，绝食而亡。但张叔夜的儿子张常先却与父亲很不一样，此人生性凶愎不逊，毫无民族气节。为了个人利益，张常先不惜卖身求荣，投靠秦桧，帮着秦桧做了不少龌龊事。

由于秦桧与张常先的父辈有过一段难忘的俘虏经历，另外自己当时也迫切需要有亲近的人，因而秦桧特别重用了张常先。绍兴二十五年（1155），张常先被派任江西转运判官，转运判官就是管理漕运的官员。那时朝廷的运输全靠水运，漕臣的权势很大。

叶义问知道豫章太守张宗元是个忠臣，只是因为得罪了秦桧才招来灾祸，漕臣张常先欲设计陷害。而现在，张常先也只不过是假自己之手而已。叶义问知道，答应张常先的要求，自己肯定会得到秦桧的信任和重用。但是，百年之后一定受天下人唾骂。要是不答应张常先的要求，一代忠良可躲过一劫，但自己也休想安身，况且身后还有一大家子。

答应与不答应，叶义问思索良久，毅然决定宁可保得忠良在，不留千古骂名声。在张常先的官差骄横威胁下，叶义问当即把送来的公文扔在地上，说道："我就是得罪了秦桧，也决不干这种不义之事。"

对于叶义问的不识时务，张常先憎恨在心，在秦桧面前添油加醋地数落和污蔑，叶义问随即被罢了官。

绍兴二十五年（1155），秦桧病死，叶义问才得以重新复官出仕。他向高宗皇帝建言，应罢逐秦桧亲党，以言得罪者应该重新起用，官复原职。宋高宗对叶义问的建言表示赞赏，诏升他为殿中侍御史，掌纠察百官之权。

十五坑飞出的金凤凰

中国历史上平民出身的皇后，算来算去就那么几个，严州淳安县里商乡的杨桂枝便是其中之一。她出身贱微，却一步一步登上皇后宝座。

杨桂枝出生在淳安县辽源里十五坑，一个穷乡僻壤的小山村。在古代，农村的女娃不值钱，大户人家出去逛集市，买个女娃回来当丫鬟，是很正常的事。平民百姓，家家户户日子都过得吃紧，孩子多的人家，就会把自家的女娃送出去。杨桂枝就是那个被送出去的女孩，很小的时候被民间艺人相中，离开了亲生父母。相中杨桂枝的张夫人，是位杰出的民间艺人，两人以母女相称，张夫人对杨桂枝不薄，带在身边走南闯北，除了教她学艺唱词，也教她经史书画。

张夫人是个勤奋的人，由于唱功出色，被选入宫廷乐部，时时为皇室成员献唱，于是得到了太皇太后吴氏的赏识，吴太后十分痴迷张夫人的唱腔，两人私交也甚好。只是宫廷乐部时时换新，唱了一段时期后，张夫人又开始了江湖生涯。后来，因为吴太后对乐部艺人的表演不满，想起前两年的张夫人来，于是探寻："当年的张夫人，现在在哪？"打探回来的侍女说："张夫人刚过世，不过家中有个十余岁的女儿倒是极为聪慧。"吴太后想念张夫人，便把张夫人的养女杨桂枝召入宫中。杨桂枝入宫之后乖巧机灵，后宫上下称她为"则剧孩儿"。就这样，年仅十余岁的杨桂枝被召入后宫吴太后处，开始了她的传奇人生。

杨桂枝聪明漂亮、唱功悦耳动听，自幼又跟着张夫人学过经史，懂诗文，会书画，所以特别得吴太后宠爱。吴太后把她留在身边做贴身宫女，这一留就是二十多年。在吴太后的指点和培养，以及宫中丰富的文化熏陶下，杨桂枝的才华日渐出众，诗词歌赋样样在行。一入深宫里，无由得见春，这有才华总比没才华好，才华多也总比才华少好，尤其在宋朝。

宋朝是历史上文化颇为丰盛的朝代，皇亲贵族以及一般官员都具有学者、诗人的特质，以吟诗作画、收藏古董为荣。当宋宁宗还是太子的时候，常到太皇太后处问安，由此一次又一次见识了吴太后身边杨桂枝的风韵与才艺。后宫的美人很多，但宫中有才的美人却是凤毛麟角。宋宁宗被杨桂枝深深吸引，碍于吴太后的威严，两人只能眉目之间频频传情，互送秋波。

宋宁宗登基后，越发对杨桂枝念念不忘，再去吴太后处问安，常常是醉翁之意不在酒。这一切，都被吴太后看在眼里。好在杨桂枝平素为人不错，左右内侍都替她说好话，促使吴太后顺水推舟，成全这一对姐弟恋。

得到太后的赐婚，宋宁宗喜出望外，这一年宋宁宗二十七岁，杨桂枝已三十三岁。对杨桂枝来说，若自己无一点小心机，怎样的机缘巧合在眼前，恐怕都会和其他宫女一样，老死宫中。赐婚后，杨桂枝将宋宁宗伺候得很到位，加上长得漂亮，深得宋宁宗的宠爱。从晋封杨桂枝为平乐郡夫人，累进婕妤、婉仪，一直到贵妃，六年时间，杨桂枝在后宫的地位，仅次于皇后。

在杨桂枝进封贵妃的当年，韩皇后去世，皇后位空缺。此时，后宫中受宠的后妃除了杨贵妃，还有一位曹美人。新皇后的人选自当不出这两位，后宫中由此展开激烈的明争暗斗。朝廷重臣韩侂胄因为韩皇后突然去世而失去了在后宫的靠山，他也需要在后宫中物色新的盟友。可是韩侂胄觉得杨贵妃工于心计，精于权术，而曹美人性情柔顺，便于控制，于是力主宋宁宗立曹美人为皇后。

正如韩侂胄说的那样，杨桂枝"性警敏"。杨桂枝的确是个聪明的女人，相比她的美貌，过人的才智才是她能走到高位的最大资本。三十三岁被赐婚，进而得宠，三十三岁的年纪，在古代绝对是老女人了，更何况身处的是娇花遍地的皇宫，仅凭借美貌，是难以俘获宋宁宗的心的。

在得知韩侂胄挤对她，竭力支持曹美人上位的消息后，杨桂枝左思右想：自己平民出身，在宫中无家族势力，如何才能立于不败之地呢？杨桂枝精心策划了一场不露声色、先退后进的好戏。

这一年的冬天尤其冷。杨桂枝对曹美人说："韩皇后去世多时，这中宫的位置不外是你我姐妹二人，我们姐妹不妨各自设席，请皇上赴宴，问问他的打算？"杨桂枝又故意表示愿意让曹美人先设席，自己甘愿在后。曹美人不知是计，心中暗暗高兴，表示同意。曹美人设的是宴席，宋宁宗先到曹美人处吃饭聊天喝小酒，等宋宁宗终于喝到酒酣处，曹美人想开口请求中宫后位时，杨桂枝赶了过来。原来，杨桂枝设的是画席，以书画创作为由，轻易就将热爱书画的宋宁宗接回自己的住处。

见宋宁宗酒兴正上头，似醉不醉，两眼朦胧、性情缱绻之际，杨桂枝手持笔墨一边佯装作画，一边趁机求请皇后之位。看着能诗会画又柔情似水的杨桂枝，宋宁宗不加思索，接下杨桂枝手中的笔墨，写下了册立杨桂枝为皇后的诏书。按照惯例，封后诏书要发给有关大臣，精明过人的杨桂枝担心韩侂胄将册封的诏书驳还，于是又让宋宁宗写了一道一模一样的诏书，派心腹将诏书连夜送出宫外。

第二天一早，百官入朝，杨桂枝兄长杨次山匆匆上殿，从袖中取出昨夜宋宁宗写的诏书，当众宣布宁宗册封杨桂枝为皇后的旨意。韩侂胄得知消息后，哑巴吃黄连，不同意也于事无补。

就这样，杨桂枝如愿以偿地登上了皇后的宝座。这一年，她四十一岁。

桂林争占一枝荣

　　九百年前的瀛山书院位于严州遂安县西北陲的郭村，创始人是邑人詹安，北宋末年举人。

　　书院最初的名字为"双桂堂"，詹安嗜学重教，躬行教育自己的五个孩子，皆品学兼优，先后登科及第。詹安创办书院的初衷就是吸收詹氏子弟入学就读，后来随着知名度的扩大，招生范围也逐渐扩大，外地的士子开始慕名来此求学。

　　到了詹安的孙子詹仪之时代，理学大家朱熹开始到访。

　　其实，严州遂安地理位置与徽州相近，在血缘上与徽州相连，风俗习惯上也有诸多相似，这是朱熹理学衍流深远的一个重要原因。朱熹每次来访遂安都会漫步方塘畔，与退隐故里的詹仪之论学。

　　讲学期间，朱熹见源头活水潺潺流入方塘，清澈如镜，触景生情，即兴赋了一首《咏方塘》赠与詹仪之："半亩方塘一鉴开，天光云影共徘徊。问渠那得清如许？为有源头活水来。"朱熹自己一定没想到，这首即兴小诗，日后会成千古绝唱。

　　朱熹用诗的形式，形象地阐释了"格物致知"的理学思想，让人豁然贯通。就这样，地域上的优势、朱熹的人格魅力和深厚学识以及学术传播方式的多样化，以致严州的朱熹理学一度盛行。他的几次瀛山行，点亮了中华大地上这一盏深山书院的明灯，书院由此名声大噪，出现了后人所说的"瀛山一席与鹿洞、鹅湖并成鼎足，可也"的鼎盛局面。

　　詹骙是后辈，自幼聪慧，喜读经史，从小在书院耳濡目染叔祖詹仪之和朱熹的课堂。一个学生能找到一个好的老师，对学习和探索世界是非常重要的，詹骙在别的孩子还是懵懵懂懂、成群嬉戏时，就明白了这个道理。有一年，恰逢朱熹到书院讲学，詹骙请教朱熹问题后被其所学深深折服，他仗着叔祖詹仪之在场，壮着胆子，对朱熹突然来了个跪地三叩首，执意拜朱熹为师。

朱熹虽有惊诧，但见詹骙如此憨直热烈，也就收下了这个敏锐好学的读书郎。为了不负朱熹厚望，詹骙比以往更奋发图强，熟读诗书。到了南宋淳熙二年（1175），詹骙赴京赶考，高中状元，自此书院才取"登瀛"之意，改名为"瀛山书院"。

詹骙也是严州历史上第一位状元，他在殿试策中开首便道："天下未尝有难成之事，人主不可无坚忍之心。"这一振聋发聩之警语，深得宋孝宗赞赏，提拔为进士第一。第二天，孝宗皇帝兴致未减，叫詹骙以下一百三十九人在靶场上作射艺表演。詹骙的杰出射艺使宋孝宗又十分满意，他兴致盎然地送给詹骙一首诗：

> 振鹭飞翔集凤庭，诏开闻喜宴群英。
> 已看射艺资能事，更觉人才在作成。
> 冀野乍空千里隽，桂林争占一枝荣。
> 他年共赏功名遂，莫负夔龙致主声。

得到皇上的赠诗，是一件非常荣耀的事，詹骙也十分激动，连夜写了一道表文，表达自己的心情和志向，以此感谢皇上。

詹骙中状元后，回乡扩建了瀛山书院，使詹氏一家恩泽世代，科甲蝉联。府、县也为詹骙在遂安修建了"状元牌坊"和"状元台"。

而詹骙的妻子石氏端淑秀逸，持家有方，严格督促子女从学，成就了一方诗书大家，使詹家家族享誉"两宋科举，詹氏为最"的美誉。

到后来，瀛山书院不仅因"一代儒宗"朱熹来此讲学而闻名，更是由于培养了大批士子而著称。瀛山书院就这样从詹氏家塾逐渐变成一个严州遂安特有的半官方半民间的学校，最多时，有上百名学生在此研墨拜学。

这个荣享皇帝赠诗的詹骙，淳熙五年（1178）入馆阁担任校书郎，六年担任秘书郎，七年担任著作佐郎，八年与王佐、黄由一道参加杭州风云庆会阁聚会，九年提升为著作郎，十年担任将作监少丞。十三年担任宁国府知府。此间其叔祖父詹仪之落职，发配江西袁州安置，受其影响，淳熙十八年（1191）詹骙调福建武夷山主管冲佑观。这一年陆游也担任冲佑观的提举。陆游撰写《绍兴府修学记》，詹骙为他书写碑文并以篆文题写横额。

淳熙十六年（1189），詹仪之病逝。后来宋光宗为詹仪之平反，詹骙也得以升迁，官至中书舍人、龙图阁学士。官位虽不显赫，但口碑政绩皆佳，更是以诗闻名朝野。

从三十岁中状元到正常升迁，已是五十多岁。詹骙虽然才华出众，但是从皇帝褒奖到坐冷板凳，耗去他将近二十年的黄金岁月，晚年虽得以重用，却已力不从心，少了朝气和斗志。生活阴差阳错，却又充满希望，在詹骙的身后，传承着令人敬仰的教育观，从大山里走出一个又一个的詹家子弟。

瀛山书院也好，詹骙也罢，都是严州文化之代表。如今，郭村的村址未变，方塘、大观亭尚存，遗址遗诗俱在，关于詹家以及书院的故事也在代代相传，九百年的沧桑岁月成了无与伦比的宝藏……

两篇劝农文 三代严州缘

陆游六十二岁这一年，去都城临安向宋孝宗上书议国是。

宋孝宗避而不答抗金一事，反而对陆游说："严陵山水胜处，职事之暇，可以赋咏自适。"意思是安排他到严州任职，置身山水，可作诗养性。于是，就有了陆游和严州的故事。

尽管在仕途上遭遇颇多波折，但仍怀忧国爱民、济世治邦之心的陆游，到严州的第一件事就是查阅州府档案典籍，掌握严州山川、田地、物产、赋税、人口、风俗等基本情况。在不断询问同僚属吏、拜访士绅父老、视察田间民情的过程中，陆游发现严州农民多以砍柴种树为生，粮食不能自给，城中商品奇缺，城东郊野一片荒年凄凉景象……踱步在农田和江堤之间，陆游忧心忡忡，想着粮食歉收、物资奇缺、百姓贫瘠，若不能为民办点实事，有这三江两岸清粼碧水、巍巍青山赋咏，又有何用？

连续几个夜晚，陆游辗转反侧，无法入睡。于是撰写了《严州到任谢表》寄往京都，并将严州旱情做了如实禀报，请求准予减负免役，开仓济民。那时候，严州百姓要缴纳丁盐钱税，农民要缴纳茶叶、山漆、黄蜡、竹木等杂税。而当时的严州是十五个州军中户口最少、物产最贫的一个，陆游为减轻农民经济负担，四处奔走争取减轻赋役，并以身作则，要求下属官吏一律不得侵扰农村。

日子如流水，一天天过去，随着对民情民风的深入了解，陆游意识到改变被节气推着走的严州人懒散的生活状态，是迫在眉睫的大事。陆游开始召集一批又一批的严州父老乡亲，竭力说服他们改变频繁迎神赶庙会的习俗常态，思想上大力灌输搞好农业生产、争取粮食丰收的重要性。同时，也给部属官员布置了宣传任务，让他们在民间广泛宣传农事要合于时而作，但各项准备工作应当早于时令。早计划，才能确保稻菽丰收，来年再也不用向衢、婺邻郡借粮食以备不足。

陆游思虑重重，夜雨孤灯下，毫无困倦之意。他想着，在严州这座山城里，只有农业丰收，百姓丰衣足食，农村的争吵打闹、抗租抢劫、盗窃诉讼等不安定事件才会减少，社会秩序也才能得到安定，社会进入良性发展。于是，伏案挥笔疾书，一篇《丁未劝农文》就这样诞生了。

第二年，果然是个丰收年。第一批得劝勤耕的严州百姓尝到了粮食丰沛的甜头，欢欣鼓舞。陆游伫立田埂间，心有快慰。为了持续劝农促耕，陆游在第三年又颁布了第二道鼓励农桑的布告《戊申劝农文》。

"盖闻为政之术，务农为先"，这是陆游当年在严州的施政理念。农耕社会，百姓丰衣足食便是太平盛世，这也是陆游的两篇劝农文一直被后世所称道的原因。

陆氏家族与严州一直有着比较密切的关系，自《景定严州续志》载记开始，"三陆守严"的故事就在严州广为流传。

在陆游任严州知州之后的四十年，南宋宝庆二年（1226），陆游的小儿子陆子聿也来到严州任职。子聿继承父亲遗志，一心为严州人民办好事，建立了钓台书院，并续编《剑南诗稿》计六十七卷，汇集了陆游的诗文共计九千多首。

话说陆游出任严州知州时已六十二岁，这时的陆游诗风已经成熟，在诗坛影响很大，很多人都渴望读到他的作品，但他的诗集一直没有刻印。到严州任职后，热心的陆诗追随者们再次要求他刻印诗集，一再催促。由于严州有良好的刻书条件，陆游开始编选诗稿。

陆游年轻时就有诗名，人称"小李白"，他的创作量也十分惊人，到严州时，总量已达数万首。他对作品进行了严格的筛选，删去十分之九，保留了二千五百首，编为二十卷，将诗集命名为《剑南诗稿》。第二年冬天，诗集在严州刻成，轰动了当时的文坛，人们争相传抄，交口称赞。

陆游驻留严州时间虽然两年多，却为严州留下了二百八十八首诗，加上后来奉诏回临安，沿途经过严州时写下的六首，共计二百九十四首诗，均保存在《剑南诗稿》第十八至二十卷之中。陆游的诗文对传播严州文化以及地方研究有着极其重要的意义，这也是陆子聿发行严州刻本之外，续编《剑南诗稿》的原因。

再追溯到陆游严州任职的一百三十七年前，北宋皇祐元年（1049），陆游的高祖陆轸，也是在今天的梅城出任知睦州军。

无巧不成书。陆轸、陆游、陆子聿，祖孙三代守严州，这样的缘分在历史上也是鲜有。感恩的严州人民为了纪念陆家三代人做出的贡献，南宋时建立了"世美祠"，也是严州地方为"郡侯之世守者"所设的一个享祠。

其实，以上"三陆"之外，陆氏家族还另有出仕睦（严）州者，比如陆游的曾祖父陆珪，出任过睦州录事参军。还有陆游的祖父陆佃，虽未见史载出守睦（严）州一事，但从侧面也能印证与严州有一定关系。

在《景定严州续志》之后，历代严州方志中都有"三陆守严"的故事，可见以陆游为主的陆氏家族，在严州人民心目中具有不可磨灭的地位。

血溅霍邱父子兵

徐梅龟，严州寿昌人。

徐梅龟从出生起，就注定是武将之才，性情刚强正直，亦有才气。他以一篇《春秋》在乡试中夺魁，不久中进士，分配在安徽六安霍邱县任"公安局长"一职，负责霍邱一带的治安和抓捕盗贼的工作。

徐梅龟从军的年代，天下动乱，国运日趋衰退，蒙军铁骑屡屡犯境，朝堂群奸争权夺利。

南宋嘉定十四年（1221），宁宗皇帝派外交官前往蒙古谈判，准备联合蒙古把金国消灭。但宋军在和金国的交战中屡屡失利，反而把城池丢弃。

嘉定十七年（1224）八月，宋宁宗驾崩，权相史弥远矫诏，将赵贵诚立为皇太子，更名昀，是为宋理宗。理宗皇帝在位的前十年，一直处在权相史弥远的挟制之下，对政务无能为力。直到史弥远死后，方始亲政。

之初，宋理宗立志中兴，推出一系列的改革措施。到后期，朝政又相继落入丁大全、贾似道等奸相之手，国势急衰。端平元年（1234），南宋联合蒙古国灭金。后来蒙古攻鄂州，宰相贾似道以宋理宗名义向蒙古称臣，并将长江以北的土地完全割让给蒙古。朝中一片哀声，宋军中仍有不少的忠义之士在抗击外辱，徐梅龟就是其中一员。

此时的徐梅龟，在杜杲的指挥下，一方面在安丰故城（今安徽寿县西南）浚深城濠，构筑外城；一方面在霍邱，领着土人王镕等在安阳诸山筑寨，为抵御蒙古军进犯预作准备。

南宋嘉熙元年（1237）冬天，蒙古宗王口温不花率领大军攻打安丰。安丰城里的老百姓按计划预先撤出，让蒙军扑了个空。然后，宋军几路兵马齐齐出击。徐梅龟率领霍邱的军民，对蒙军穷追猛打，蒙古军狼狈败退，宋军大获全胜。

蒙军不服，几日之后又用火炮攻打安丰及霍邱等城，把偌大的安丰城的城楼轰掉一大半，霍邱城也被轰炸得七零八落。那时，徐梅龟和守城军民已发明了一种用木料搭建起来的移动木楼作为应战准备。移动木楼上有箭窗可以射击，楼与楼之间用横木连接，坚固度是普通城楼的三倍，而且制作方便，一共做了几百个，布置成防线，就好像一道移动城墙，不管哪里的城墙被蒙军击毁，随时随地都可以及时顶换上。蒙军看宋军如此快地修复炸毁的城楼，都傻眼发愣。围战三个多月，攻城毫无进展。

口温不花开始另寻办法。南宋的城池都有宽阔的护城壕沟，里面放满水，用来阻止敌人的进攻。蒙军难以靠近城墙，就拆除了城外的民房，用拆下的木石去填平壕沟。徐梅龟见了就领着几个木匠，设计了一种轻快的平底船，由武艺高强、懂得水性的勇士撑着，来往于壕沟之中，奋力截杀填壕沟的蒙军士兵。蒙军在马背上颠簸惯了，却架不住水面上的晃荡，宋军用脚在船帮上用力一蹬，蒙军就咕咚咕咚地掉进壕沟里，宋军再用长篙按住落水蒙军的头，以此击毙蒙军。

口温不花改用抛石器向城墙扔砸大石头。经过长时间的围攻，蒙军终于用石头在护城壕沟上填出了坝桥，可以直接攻击城楼，又组织了一批敢死勇士，身披十余层连面部都罩住的牛皮厚甲，向宋军发动冲击。徐梅龟就挑选一批神射手，使用一种特制的小箭，专门射击蒙军的眼睛，杀伤了蒙军中的敢死勇士，挫败了蒙军攻城占地的野心。后来，杜杲及徐梅龟在赶来援军的配合下，内外夹击，终于打败了蒙军。

安丰之战中，蒙军损兵折将达一万七千余人。三个多月的安丰城坚守战，是宋军在两淮战场取得的一次重大胜利。徐梅龟在此次守城战役中身先士卒，大振宋军士气，也因此受到理宗皇帝的奖赏。

蒙古宗王口温不花在安丰战役中见识了徐梅龟的智勇，他对徐梅龟咬牙切齿，又爱又恨。爱的是徐梅龟的智勇和坚忍，若能召为自己帐下，攻取宋室易如反掌；恨的是徐梅龟若不为蒙军所用，有他在势必成蒙宋之战的心头大患。就在口温不花焦头烂额之时，前方传来消息，说杜杲因安丰城坚守战中一战有功，升为淮西安抚使兼知庐州（今安徽合肥）。

杜杲赴任，意味着霍邱县短时间内出现兵力骤减。口温不花当下调集人马，挑起了战火。他派了一些骑兵围攻合肥，牵制杜杲一行宋军。自己亲率大军直逼霍邱县城，想在短时间内生擒徐梅龟。

获奖赏后的徐梅龟，依然守在霍邱县城。安丰一战，徐梅龟手下兵将死伤大半，守军不到三千，大战之后，需要休整。此时粮库里已没有隔夜粮草，官粮配送尚在路上。朝廷提任杜杲，又把防守重点放在合肥，其他地方只能暂时自力更生。这个时候，如遇强攻，定会溃败。

蒙古宗王口温不花瞅准了这个千载难逢的时机，亲率大军，将霍邱县城围了个严严实实。徐梅龟看着黑压压的蒙军，像潮水般地向霍邱城头涌来。几个回合下来，徐梅龟眼看城池难保，只得聚集剩下不多的兵丁，准备突围转战。他叫过张姓戍将和儿子徐尚古，说："现在的局势敌众我寡，对我军极为不利。为保全力量，你们即刻领着兵士，向黄家渡转移，我留在这里断后。"

年方三十多的徐尚古一听急了："父亲，要走也是你先走，我来断后。父亲可以为国尽忠，儿子岂不能以死尽孝？"就在父子俩互推互让时，张姓戍将一把拉住徐梅龟父子俩，大声说道："都什么时候了，还容得你们如此推脱！人都死了，谈何尽孝尽忠？一起走，留得青山在，不怕没柴烧。"

霍邱守军且战且退，向外突围。到了黄家渡，终因两军力量太过悬殊，徐尚古和张姓戍将双双为国尽忠，部下全军覆灭。口温不花心有恻隐，对徐梅龟说道："徐将军，你如今已败，若愿投靠于我，我念你是条好汉，饶你不死！"看眼前血洗全军，宁死不屈的徐梅龟仰天悲号，自杀殉国。

宋理宗惊获噩耗，悲痛不已，痛惜朝廷又失去忠义爱将。追赠徐梅龟为宣教郎知霍邱县事官，二儿子汲古升为武校尉；追赠徐尚古为承信郎官，徐尚古儿徐肃升任义校尉。

从状元郎到浙派名师

方逢辰，原名方梦魁，人称"蛟峰先生"，是八百年前赫赫有名的状元郎，严州淳安人。

淳安这个地方，文昌高照。自隋炀帝大业三年（607）开始有科举考试选仕以来，一共出了三个状元。除了方逢辰，之前有个詹骙，之后有个三元及第的商辂，不得不让人高山仰止。

看看方逢辰高中状元前所读的学校，就明白择校以及读名校的重要性，从古到今都一样。方逢辰早年就读的学校名叫石峡书院，坐落在原淳安县城北门外龙山背后的石峡山吞里，跨进墙门就是一个约两百平方米的讲堂。书院建于南宋淳熙元年（1174），据史书记载，从淳祐元年（1241）至咸淳十年（1274）的三十四年间，一共举行了十二次科举考试，其中石峡书院培养学生考中进士的，据统计有七十四位，平均每届都有六人以上高中。

宋代的科举考试和唐代相比，进士的录取名额有了较大的增加，每三年一届，每届录取五百人左右。当时全国各地的大小书院有一千余所，其中最为著名的六大书院是应天府书院、岳麓书院、白鹿洞书院、嵩阳书院、石鼓书院、茅山书院。石峡书院虽然没有像"六大书院"那样有知名度，但教学质量肯定也是全国首屈一指。如此的科举考试成绩摆在那，升学率已是相当的惊人，换成今天的家长，挤破脑袋也要把孩子送进去读。

石峡书院不但升学率高，而且考取的名次也非常了得。方逢辰在他那届五百四十二名录取进士中独占鳌头，被宋理宗钦点为头名状元，并当场赐名为"方逢辰"。淳祐七年（1247），方逢辰的同窗黄蜕比方逢辰早了三年中了榜眼；景定三年（1262），方逢辰的弟弟方逢振也进士及第；到了咸淳元年（1265），书院学友何梦桂得了探花时，宋度宗龙颜大悦，觉得这个书院不简单，亲笔书写对联赐给书院："一门登两第，百里足三元。"咸淳七年

（1271），宋度宗特题写"石峡书院"四字，嘱以石刻。有了皇帝题写的校名，又有对联赐赠，从此，石峡书院名声大振，成为两浙著名的书院。

一人高中，既是全家的荣耀，也是全县的荣耀。话说方逢辰中了状元，留在朝廷任职时，他的家乡可轰动了。为了祝贺他考取状元，淳安的县长、副县长们开始频频商讨选择哪里的福址为方逢辰建造状元楼，也为当时的淳安创建一个新的文化地标。

方逢辰是个严正谨慎的人，自小到大始终铭记父亲的教诲：读书和当官，都不是为了宣扬自己，不应以金钱和名利为目的，而是要更好地施展自己的才能，利用所学知识为百姓做事，为国家效力。所以，方逢辰回乡探亲的路上，听说淳安县长已开始挖地基为他建造状元楼，即刻呈报皇上一道长长的奏折，言辞深切地表达了自己读书为官的目的是造福百姓，建造状元楼是一笔不小的开支，花费在他的浮名之上，实在令他惭愧。淳安是浙西山区，百姓贫苦，此时大兴土木，对家乡来说无疑是雪上加霜。方逢辰在奏折中明确表达为官应当"先天下之忧而忧，后天下之乐而乐"，所以坚决辞建状元楼。淳安县长得知方逢辰上书辞建状元楼后，感慨万分，并决定尊重他的意愿，下令停建状元楼。

王朝更迭时期，人在官场如履薄冰。方逢辰为官之后，虽然际遇崎岖，屡遭贬斥，但他并不消极，也很快在朝廷纷争中找到自己的重心。与其在朝廷为官，不如教书育人，著述治学。方逢辰深知读书的重要性，江南的和靖书堂、婺州书堂、东阳义学、鄱江书堂、东湖书院、宗濂书院等著名教育机构，都留下了方逢辰探访治学的足迹。

南宋消亡之后，元世祖当政期间，曾数次对方逢辰许以高官厚禄，请他出山继续效力君主，都被方逢辰委婉回绝。他写下《被召不赴》和《石峡山茶盛开》，以明心志，表示往后不再接受任何官职，只愿授徒讲学。

从五十一岁到去世，人生的最后二十年，方逢辰是在石峡书院讲学中度过的，与莘莘学子为伴。似乎也是冥冥之中的牵引，石峡书院当年培养了状元方逢辰，而作为校长的方逢辰又把石峡书院创造为国内名校，这是方逢辰和石峡书院之间割舍不断的缘分，以至后人记住的，不是官员方逢辰，而是教书先生方逢辰。

只有真心热爱教育事业的人，才能深刻领会"十年树木，百年树人"的意义。方逢辰深切地感受到，对儿童授以文化知识，如果能从实际出发，从身边事物学起，更容易让他们接受，也是所谓的"养正于蒙"。为此，他在石峡书院日夜苦思冥想，编写一本适合儿童的读物。

方逢辰后来能入列浙派名师，其实不是因为他是历史上的状元郎，而是编写了这本历史上非常知名的童蒙教材《名物蒙求》。

方逢辰在编写《名物蒙求》时，传承了约一千八百年前老祖宗孔子的教育思想，在儿童性情未定之时和心智蒙开之际，施以正当的教育，让孩子从小多识"鸟兽草木之名"。书中详细介绍自然和社会的各种名物知识，全书广而不繁，四字一句，朗朗上口，是古今难得一见的反映日常生活的儿童常识教材。

后来，明代大学士朱升将宋、元时期成书的，最具影响力的四种儿童读物，统一汇编成一套五卷本的儿童蒙养教材，称为《小四书》，其中就包括了方逢辰的《名物蒙求》。之所以称为《小四书》，表明次于朱熹的《四书》而为基础读物。

西台恸哭记

严子陵当年隐居垂钓的地方，有一个山头，山头上有一石亭，亭柱两边写着："生为信国流离客，死结严陵寂寞邻。"亭前有石碑，正面刻着谢翱的《登西台恸哭记》，反面刻有"宋谢皋羽恸哭处"。七百多年前，这个山头因为谢翱而命名，叫作谢翱哭祭台，也叫西台。

这是一个关于爱国诗人哭祭民族英雄文天祥的故事。

谢翱，福建长溪人。聪明好学，从小就受到良好的家庭教育，并且能文能武。平时熟读历史上诸多忠诚英烈的故事，养成落拓不羁的个性与爱憎分明的气节。

谢翱少年时跟随父亲在浦城（今福建南平）生活。南宋咸淳元年（1265），赴临安参加进士科考，落榜未中。但落榜依然没有掩盖谢翱的才华，他所作的《宋祖铙歌鼓吹曲》十二篇和《宋骑吹曲》十篇，被太常寺采作朝廷乐曲，进而广泛流传。元代文学家吴莱称赞谢翱的诗"文句炫煌，音韵雄壮"，可与柳宗元媲美。

南宋恭宗德祐二年（1276），元兵南下，侵略中原，帝都临安被攻陷。不久之后，文天祥在福建号召爱国人士抗击元军，保护宋朝。一时间，闽南、赣州等地许多青年纷纷响应，从四面八方奔赴到文天祥的队伍里来。

那时的谢翱二十八岁，还是个富家子弟，在老家舞文弄墨。本来科考落第后就郁闷不得志的他，眼看着家国陷入战乱、百姓流离失所，心中更加忧愤难平。

当听说了文天祥的爱国壮举，谢翱心中为之大振。文天祥的名字和为人，谢翱早有耳闻，对其义举更是十分钦佩，他毅然倾尽家财，弃笔从戎。

谢翱以自己的实力开始大量招募周边的乡兵，没几天就集合了数百人的队伍，连夜前去投奔文天祥。听说有人倾家荡产前来投奔他的队伍，生性豪爽的文天祥既感动又欣喜，他极为诚挚地将谢翱迎进帐中。

没想到两人志趣相合，一见如故，文天祥非常欣赏谢翱的才气与智谋。后来，文天祥任命谢翱为"咨议参军"，两人共同谋划军中大事，由此结下深厚的友谊。

谢翱开始全力辅佐文天祥，征战福建、广东、广西、江西等地。在征战中，因为有谢翱的出谋划策，大军捷报频传。

元军来势汹汹，考虑到征战需要，在江西赣州时，文天祥命谢翱即刻带兵赶赴广东潮汕战场。两人在赣州江边分手时，文天祥送给谢翱一方砚台留念。没想到这一次离别，竟是阴阳两隔。

谢翱按文天祥的军令，赶到潮汕准备招兵买马补充备援，以待日后汇合成更大的军事力量。而文天祥在江西方面的兵力与元军太过悬殊，在调兵前往广东潮阳途中，遭遇了元军突袭。

谢翱赶到潮阳时，还没有来得及组织人马，文天祥就已在混战中被元军俘虏。谢翱获悉之后非常自责，怪自己没有及时赶到，未能助文天祥一臂之力。

不久，南宋朝廷灭亡。文天祥被捕后，誓不投降，被杀害于燕京柴市。

噩耗传来，谢翱万分悲痛。此时，元朝对谢翱的追缉频繁，谢翱隐姓埋名四处流亡。流亡中，每遇到山水亭台，就引发谢翱对文天祥的哀痛和思念。每见到与文天祥握别时相似的景物，谢翱便徘徊顾盼，失声恸哭。

西台与越台都是当年文天祥足迹所留之处。西台是严州桐庐严子陵的隐居处。谢翱每次登西台，都会带上水酒哭祭文天祥。他一边用竹如意敲打石头，一边长歌当哭，竹石俱碎，情难自禁。

流亡期间，为了不连累朋友，谢翱没有住在朋友家中，而是隐居山林。日子过得颠沛流离，基本以贩柴换米度日。如此艰难之下，谢翱也没有停歇过抗元复国的念头。他积极联系南宋遗民，与方凤、吴思齐、邓牧等文人创办"汐社"，进行抗元宣传活动。他们以诗会友，以诗结义，聚集民间力量，蓄势待发。

到了元至元二十七年（1290），十二月初九是文天祥殉难的日子，谢翱与吴思齐、冯桂芳等人又来到富春江边的西台，设立了文天祥的灵主，对这位是英雄，更是良师益友的知己进行哭祭。

也在这一天，谢翱将他这几年的经历，以及对文天祥的深切悼念，写成了《登西台恸哭记》。文章多为隐语，以哭为主情调，含悲哀沉痛、泣血吞声之情，表达对文天祥离去的沉痛哀悼。

正是这种对故国的怀念，使谢翱的笔端充满气节和力量，从而改变了宋末诗坛的萎弱习气。这篇《登西台恸哭记》被称为"血和泪凝结而成的文字"，明代著名文学家杨慎称谢翱的诗歌是"宋末诗坛之冠"。

元成宗元贞元年（1295）秋，四十七岁的谢翱肺病复发，卧榻不起，不久病逝。好友方凤、吴思齐等人遵从他生前的遗嘱，将其埋葬于爱国隐士严子陵钓台南面山源。

"残年哭知己，白日下荒台。泪落吴江水，随潮到海回。故衣犹染碧，后土不怜才。未老山中客，惟应赋八哀。"这是谢翱的诗，诗中饱含对文天祥的怀念和祭奠，这份深情流传至今。

《耕阜图》

农耕历来是封建社会重要的经济支柱，是立国根本。

每一次朝代更迭，建立新的政权，都会面临十分沉重的经济压力。建国之初，田园荒芜，生产力滞后，百业凋敝，户籍锐减，这几乎是每朝的常态。当政者都会颁诏强调农耕的重要性，出台一些奖掖措施，意在重农劝农，使流民归于田垄。

明代有一幅劝农垦荒的《耕阜图》，图中一人呵牛犁田，田边停着装满肥料的大车，田间有乡亲健步而来，远处有农舍人家，俨然一幅生动的田园风俗画。这幅图是元末明初严州桐庐人方礼所绘。

方礼，桐庐石阜村人。从小就爱读诸子百家典籍，善诗词，为人仁厚好施，深受乡亲的爱戴。元朝末年，战乱频繁，田地大多荒芜。元亡，明朝建立，太祖朱元璋通知所有地方官员实地勘察和检验荒地，命令驻军一到各地，一边开荒种地，一边驻守家园，担防守之责，也叫军屯，目的是让士兵自耕自种，免去百姓的负担和转运粮饷的困难，实现军队的自我供给。

然而，军屯常有扰乱地方、侵害百姓的事发生。古严州又是军政要地，山地广博，物质贫瘠，士兵扰乱百姓的事常常是顾得了这头，管不了那头。方礼见桐庐因军屯而不得安生，琢磨三日之后，决定放弃平时研文作诗之乐，主动向当时的桐庐县令提出"包荒"的办法，改"军屯"为"民屯"。

为了发动更多的人投入垦复荒芜之地，方礼亲自绘制了生动形象的《耕阜图》，并收集了多种播种法，吟成《劝农歌》，不辞劳苦奔赴各地劝耕，并身体力行率家人带头垦荒。四乡农民为之感动，纷纷响应垦荒。方礼和乡亲们一起垒石成田，积石成阜，不仅使桐庐江南一带的荒地很快得以复垦，而且军屯扰民之事也随之消除，出现了民耕物阜、安乐太平的兴旺景象。据清乾隆《桐庐县志》记载，明洪武年间，方礼还在县东南十三里建了一座方家桥，当地人甚是感激。

方礼劝民垦荒取得如此大的成绩，传到了严州府城，府城又向外宣传，后来浙江巡抚得知后，觉得方礼有胆略、有治理才华，于是极力向朝廷推荐，任方礼以官职。

方礼心存感激，又绘了一幅《耕阜图》送去省府，呈送给巡抚大人，并作《西江月》词以表明自己的志向："乐隐固辞轩冕，谋生且学耕耘。高风千古许谁论，堪与严陵相并。南亩乘时播种，落英到处缤纷。此间离乱未曾闻，仿佛桃源风景。"阐明了他要像"不事王侯，耕钓终身"的严子陵那样，坚持"有志劝农稼穑，无意离乡为官"的志向。

这幅《耕阜图》送至京城，京师士林竞相争阅，赋诗赞颂。据《桐庐县志》记载，当时吟咏《耕阜图》的诗文颇多，为了扩大影响，由朝廷长史郑楷为序，翰林郑棠为跋，编印成专集，向社会传播，以劝民耕。可惜这些劝耕诗文，后来大多已散失，少数几首尚存。

《盐铁论·园池篇》说："夫男耕女织，天下之大业也。"《淮南子·主术训》说："衣食之道，必始于耕织。"《汉书·食货志》亦曰："一夫不耕，或受之饥；一女不织，或受之寒。"都是为了说明农耕的重要性。后来，严州其他五县纷纷效法方礼之"包荒"的办法，改"军屯"为"民屯"。为了收到成效，充分调动农民务田的积极性，朝廷采取了轻徭薄赋的政策。

方礼放弃高官厚禄，坚持立足乡间、劝民务农桑的故事，激励了整个石阜村人。榜样的力量是强大的，《耕阜图》之后，石阜村涌现了方氏八贤，个个仁厚至德，形成了"勤劳致富，团结拼搏，开拓进取，方为人先"的价值追求。

严州城垣的首席设计师

在明朝开国功臣中，被朱元璋追封为王的，除了徐达、常遇春之外，李文忠位列第三。严州百姓之所以记住他，除了他是开国名将外，也因为他为镇守严州、建设严州，立下汗马功劳。

李文忠是泗州盱眙人。十二岁时，家乡灾情不断，又是旱灾又是瘟疫，母亲也在兵荒马乱中去世，父亲李贞带着他辗转在乱军之中，几次险送性命，一直到两年后才找到舅舅朱元璋。

朱元璋第一次见到李文忠，就心生欢喜，说"外甥见舅，如见母也"，并收他为养子，随自己姓朱。另外，朱元璋还请了范祖乾、胡翰做李文忠的老师，教他通晓经义。在李文忠上学的过程中，两位老师不断地向朱元璋反馈，说他这个外甥实在是太厉害了，不管什么书，一看就会，仿佛以前读过一样。

朱元璋也开始发现李文忠领悟力极强，一点就通，于是亲自带在身边培养。李文忠在读书上很有天赋，但朱元璋思索再三，还是决定让他改练弓马武艺，以及领军作战的本领。

朱元璋对李文忠说："人固然不可没文化，但现在正值乱世，带兵作战的本领更加有用。"就这样，在朱元璋的栽培下，李文忠凭着天资过人的身手和头脑，很快在军营中脱颖而出。

十九岁那年，李文忠以舍人的身份，率领朱元璋的亲军随军支援池州。才第一次作战，李文忠很快就发现了敌人的弱点，一举拿下敌营。之后，李文忠开始频频征战沙场，由于文武兼备，有谋略，会分析，随军所战必胜，先后又攻下青阳、石埭、太平、旌德四县。

元至正十八年（1358）三月，李文忠会同军中将领邓愈、胡大海由徽州进入浙江，从元朝军队的手中夺下建德路，升为亲军都指挥。李文忠与严州的缘分由此开始。镇守严州时,李文忠改建德路为建安府,不久之后又恢复严州府的旧称。

李文忠从小颠沛流离,受了不少苦,即使后来当了将军,日子好了,仍心怀善良,从不曾忘记过去的艰苦岁月。每次巡访府城时,李文忠都会关注民生民情,看到苦难的严州百姓,会于心不忍,吩咐属下把自己府上的粮食省下来给穷苦的百姓送去。

李文忠在巡防中看到有士兵欺负百姓,特别生气,在军中怒斥和惩罚,并强调军中纪律,对欺凌百姓现象零容忍。严州城中,也因为李文忠的军纪威严而一派祥和。智勇双全、心地纯良的李文忠,从镇守严州时,就深得严州百姓的爱戴。

安生日子没过多久,战事又开始了。邓愈移军作战江西,李文忠与胡大海攻占诸暨之后,割据地方势力的张士诚带兵侵扰严州。李文忠分析张士诚的作战套路,缜密思索后,亲自率军从东门抵御,另派将领带兵出严州小北门绕过鲍婆岭,出碧溪坞袭击对方后路,内外夹攻,由此大破张士诚。

过了一个月,张士诚再次起兵进攻严州,李文忠率军血战,依旧将其击败,而后斩首陆元帅,焚烧敌营。张士诚没想到这个年轻的将士,军事谋略、带兵能力竟如此了得,从此再也不敢觊觎严州。

同年,李文忠因为战绩显赫,官升同佥行枢密院事。同佥行枢密院事相当于现在的国防部长,是袭自元朝的旧制,元朝在中央有枢密院,在地方上于必要时设"行枢密院",可见李文忠的地位在当时也是非同一般。

元至正二十二年(1362)二月,时任金华守将的胡大海被叛军杀害,处州守将耿再成也被杀害。李文忠得到消息后,紧急调遣部将率兵前往平叛,叛军一听说是李文忠率军,闻风而逃。李文忠亲赴金华,安抚百姓,稳定了当时混乱的局面。

同年三月,朱元璋下令在严州设置浙江行省,封李文忠为浙江行省左丞,总制严州、衢州、信州、处州等地军马。这一年,李文忠年方二十四岁,已成为独当一面的方面军统帅。

李文忠年少从戎,一生为朱元璋打了很多战事,在筹划治理东南片地方、稳固后方等方面发挥了重要的作用。严州的地位也因此而突显,明代时,严州的地位排在全省第二，可见朝廷对严州的重视程度。而对李文忠来说，严州九年，更是他一生中最辉煌的一段岁月。

除了镇守严州外，严州人民至今怀念爱戴李文忠。坊间还有一个说法，是因为李文忠重建了严州城。

宋代知州周格所筑的严州城垣，经百年风雨，已经破败不堪。而元朝一代不但未曾修筑，到了元顺帝时，又下诏坠城，经此一毁，严州的城垣，不过是几段土堆而已。

李文忠是个有政治头脑的军事家，镇守严州时，明王朝尚未立国，为了扼守这地处三江的战略要地，他考虑到了重建严州城垣的重要性，于是对严州城的格局作了重大调整，并创建了梅花形城垛。

无数次勘察地形之后，李文忠开始着手重建。除了东边靠近碧涧的一段城墙不动之外，西北、正北都向内作了收缩。同时，整座城池向南跨出半华里多，直接移到新安江边。城东凭山借碧涧为护城河，南以江水作城濠，北有乌龙山，西有建昌、屯军诸山迤逦成为天然屏障，得山川之势。最终，将严州城建造成一座易守难攻的府城。

我们现在尚能见到梅城大坝的一些遗址形迹，就是明代李文忠重建的严州府城，其周长为八华里多。百姓们都说，严州城垣的首席设计师就是李文忠。

刘伯温寻将

古严州是浙西的政治、军事、经济中心之一。朱元璋打天下时,将严州作为第二战略要地。明朝开国功臣刘基,就是朱元璋夺取天下仰仗的智囊。坊间一直都有"上有诸葛亮,下有刘伯温"的说法,严州城里,刘伯温的故事更是经久不衰。

刘基,字伯温,浙江青田南田武阳村(今属文成)人。刘伯温从小聪明好学,由父亲启蒙识字,十二岁考中秀才,成为乡里的"神童",十四岁离家到处州(今丽水)府城求学,从师学习《春秋》。十七岁研学周程理学。刘伯温博览群书,诸子百家均有涉猎,对天文地理、兵法数学尤其爱好。二十二岁参加元大都会试,高中进士,从此步入仕途。

刘伯温先后任江西高安县丞、江浙行省考试官、浙东元帅府都事等职,于至正十八年(1358)退隐青田老家。之后,浙东局势突然发生变化,朱元璋起兵反抗元朝,占领多地。听说刘伯温隐居老家,朱元璋两次派人去请,恳请他辅佐天下大业。于是,刘伯温出山,于至正二十年(1360)三月抵达金陵(今南京)。

对军略兵术、天文地理、阴阳五行均极为精通的刘伯温,很快成为朱元璋的得力助手。他南征北战,一心辅佐朱元璋,依法治国,举贤荐能,德治天下。朱元璋称刘伯温为"我之子房"。

话说朱元璋与元军从安徽凤阳老家一直打到歙县,然后入新安江而下,在严州一带与元军展开了殊死的搏杀。乘胜追击中,在江西的鄱阳湖中了元军的埋伏,朱元璋奋力拼杀,虽冲出重围,但损兵折将元气大伤,退回严州大本营休整。

这一仗,痛失精兵强将,朱元璋回来后急火攻心,一病不起。军师刘伯温见军中士气萎靡,群龙无首,决定到民间寻访可用之将以慰主公。

刘伯温在距离严州城五十里外的大洋寻访，走在胡店大洋溪的木桥上，看到桥下一只草鞋，估摸着有两尺来长，他眼前一亮，预测此人必定高大。下河捡起草鞋，更是不得了，草鞋是用山上砍柴时捆柴的檵漆柴编的。这分明是一员猛将，埋没在大山太可惜！刘伯温带领两名随从，手里拎着一只破草鞋，见人就问："可知穿这鞋的人住在哪？"

有村民熟识鞋的主人，遂热情地指路说："在里面。"刘伯温和随从一路走一路问，始终是那句话"在里面"。过了里黄，走到茅车岭，快到刘坞的一个岔路口，刘伯温停了下来。他环顾四周，只见路旁有一坟墓，按地理风水的说法，此地该出大将。刘伯温让随从就近农家买来两枚鸡蛋，埋在坟背的土里。待回时，它若熟了，此地该有人在当朝，后人要拜大将；若还生，则需几百年的等待，武将才会出世。

之后，主仆三人继续往深山里寻访，过井坑，过杨村，才打听到穿柴鞋的大汉，在西湾坑的大山里烧炭。刘伯温得到这一确切消息，就大步流星，往西湾坑疾步而去。

一直走到日头偏西，才见到半山腰的翠绿丛中冒出一缕青烟，刘伯温暗思，此处必有人家。三人遂造访，见到的却是一孤寡老妇。老妇告诉刘伯温，他们原来的家住在刘坞的山垅里，为了生计，跑到这山中烧乌炭度日。正说着话，门外传来洪亮的嗓音："娘，我打柴回来啦！"砰的一声巨响，柴担落地。刘伯温屋外一看，任他见多识广也是吓了一跳，光是两捆柴就像两只大稻桶，估计没有十来个人挑不走。再看人，更吃惊，刘伯温身高七尺，在军中也算是个小巨人了，但在眼前的大汉面前还不够他当搭柱，这大汉至少也有一丈二尺，整个身子仿佛就是一堵墙。见有生人来，大汉也是惊讶，问道："几位客官从何而来，是要订购木炭还是柴火？"刘伯温倒是不慌不忙地与大汉先聊了起来。

大汉的父亲去世早，因个大，大家都叫他呆大，久而久之，胡呆大就成了大汉的名字。刘伯温道出自己此行的目的："我们是朱元璋的属下，是想驱除元人建立汉人自己的国家。壮士如果愿意出征为国效劳，指不定就是将来的开国元帅！"

呆大早有雄心壮志，听得刘伯温一番言语，就收拾行装，打算次日跟随刘伯温出山报效国家。谁知，刘伯温留宿一夜之后，次日清晨，老妇竟死活不愿儿子到外征战。呆大左右为难。刘伯温虽有失落，但俗话说"强扭的瓜不甜"，便也作罢。

刘伯温告别母子二人怏怏而回，心生疑惑：难道坟墓看错了不成？便叫随从到坟上取鸡蛋，这才发现鸡蛋已被淘气的放牛娃调换。这一换破了风水，这一带的将才已错失良机，下一个将才还需等上几百年。

虽是求贤失败，但刘伯温大洋一路寻将的故事却不胫而走。而刘伯温当年在刘坞坟前的预言，几百年之后果然应验了，刘坞的胡家考出了一个武举。

发生在严州有关刘伯温的第二个故事是，刘伯温母亲病逝的那一年，他向朱元璋告假回乡葬母，路经严州，碰上张士诚的一支兵马犯界，把严州城围得水泄不通。

镇守严州的曹国公，见敌军声壮势大，慌了，对刘伯温说："敌兵围城，城池朝夕难保，我们还是趁早冲出去吧！"

刘伯温登城楼察看。敌军在安营扎寨，有四五万人马。他对曹国公说："敌众我寡，若冲杀出去，如羊入狼群，凶多吉少。再说城里还有数千百姓，如何是好？"顿了顿，又说："放心，不出三日，敌军自会退兵！"曹国公听后半信半疑。刘伯温说："第一，敌方军容不整，张士诚大概未亲自带兵前来，我们虚张声势，敌军不会轻易攻城。第二，敌营粮草不足，只要我们动员全城百姓死守，到时候他们自会不战而退。"

曹国公觉得刘伯温所言有理，但又担心老百姓不肯出力。刘伯温道："城池存亡，跟老百姓利害攸关，只要我们晓谕利害，开仓分粮食给他们，老百姓定会同舟共济。"果然，老百姓得了粮，自愿同兵士一道守城。

白天，军民在城头堆放木石，敌兵一来，他们就滚下木石，叫敌军无法靠近城墙；夜里，曹国公依照刘伯温的吩咐，命令全城百姓一人一盏灯笼，挂满城头和大街小巷。城外敌军见了，城内像埋伏着千军万马。

第三天，天刚亮，曹国公和刘伯温又登上城头。这时，敌营仍是旌旗猎猎，鼓声阵阵。曹国公蹙着眉头说："先生，敌军还是不退啊！"刘伯温哈哈大笑："敌兵早已退走了！不信，你领兵出城看看吧！"

曹国公领兵出城，等接近敌营，一声呐喊，冲了进去，只见座座营帐中，几个老弱残兵有气无力地击着鼓。原来，敌军早在昨夜偷偷地溜走了。

刘伯温告诉疑惑中的曹国公："我一听敌营鼓声微弱，旌旗散乱，料定他们已经跑了。一个带兵的将军，守城要得民心，追兵要听鼓点、看旌旗，这是前人的经验啊！"

青山樵隐在梓洲

梓洲是个依山水而建的村落，位于建德、桐庐、浦江三个县（市）的交界处，草木葱郁，岩峰林立，有着得天独厚的自然景观。以古严州府城为坐标，梓洲也是最偏远的山村之一，仿佛一个隐逸的世外桃源。

事实上，八百多年前，确有高人在此遁匿山林，隐居不仕，他就是翁合老，号青山樵隐。

梓洲的翁氏始祖叫翁彦国，于北宋末迁到这里，开始居住在东坞里的一个小山坞里，后人将山坞称为"翁家坞"。到了第六代，也就是翁合老，改迁到坞外的青山脚。

翁合老在青山脚娶妻生子，后来三个儿子都长大成人，才移居到那块长有梓树的绿洲上居住。翁氏于明成化十八年（1482）开始编修家谱，清乾隆五十三年（1788）在梓洲上建起了一座气派的翁氏宗祠。

翁合老少时喜读诗书方志，年轻时喜欢云游四海。因为梓洲距离浦江最近，故年轻时的翁合老结交友人和雅集活动，基本以浦江方向为主。

翁合老曾应邀参加浦江月泉吟社组织的活动，当时活动中有两千余名来自浙、闽、赣、粤等省份诗社的诗人，大家齐声高唱范成大的田园组诗《四时田园杂兴》，并以此为主题举办了诗歌大赛。翁合老在这次大赛中荣获第五名的成绩，这种相当于全国性的诗歌比赛，高手云集，能得此殊荣已是不易。翁合老在诗中表达了对恬静的田园生活的热爱与向往，也隐隐透出忧国忧民的悲愤情怀。

四处游历时，翁合老结交了家乡周边不少文人雅士，以清谈、词赋、饮酒来互相砥砺。翁合老与浦阳（今浦江）吴莱性情相仿，两人初识时就一见如故，后来交往密切，翁合老多次从梓洲赶到浦阳与吴莱相逢，都是为了借阅书籍，交流心得。

据说吴莱的族叔吴幼敏为当地的藏书大家，藏书颇丰。古代私家藏书多为秘惜不宣，也是出于对书籍的一种保护。吴莱经常和翁合老结伴悄悄到族叔家借书看，说借，其实也是神不知鬼不觉的借，无人知晓。有时连夜看完，次日再赶去换取一本，两人读得如痴如醉，不亦乐乎。

有一次，偷偷"借"书时，被提前回来的族叔逮个正着，当时吴莱手里正拿着一本班固的《汉书》，而翁合老手上拿着的是《太平寰宇记》。族叔说："你们不经允许，私自到我家拿书看是不对的，好在书未损坏，今日我考考你们，如能过关就不追究责任。"遂顺手指了篇吴莱手中翻到的《谷永杜邺传》，让吴莱道来，结果吴莱通篇背诵如流，不遗一字，让族叔连连点头。

轮到翁合老，由于《太平寰宇记》卷帙浩博，内容繁多，族叔便让翁合老阐述天下十道的区划，以及各地自前代至宋初的州县沿革。族叔并未看好翁合老，原本以为他能讲出个一二，就打发回去。结果翁合老有条不紊，头头是道，分毫未差，族叔一边听一边翻阅核对，一脸诧异。族叔又惊又喜，心生怜惜，严正地对才学横溢的吴莱和翁合老二人说："从今日起，你们二人可随时来我家看任何书，无须通报。只是要爱惜书籍，别翻烂了！"

自此，通过吴莱，翁合老的见识渐长，也逐渐认识浦江的柳贯、黄潜洲，以及眉山的苏伯蘅、潜溪的宋濂、麟溪的郑涛。明朝开国大臣宋濂，少时嗜学，曾受业于吴莱，故对谦和内敛、不事张扬的翁合老也是极为尊重。

再后来，朱元璋攻取金华之后，听说江南地区人才辈出，就下令广开门路招贤纳士。经当时的开国文臣宋濂推荐，朝廷对翁合老优诏征之，下旨让其到京城当官，为朝廷效力。

此时，正是元末明初朝代更替，国不泰民不安之际，翁合老是明白"邦安则仕，邦乱则隐"的道理的。其次，伴君如伴虎，他不愿卷入明初朝野充满血腥味的政治帮派斗争中。

史载，自洪武七年（1374）末开始，明朝官场上分"肥西派"和"浙东派"两大斗争阵营。皇帝朱元璋作为安徽人，自然是"肥西派"的"名誉会长"，而作为浙江"同乡会会长"的"浙东派"首领宰相刘伯温，当然不可能与朱元璋抗衡。并且在朱元璋的政治掌控下，刘伯温很快被削职，翁合老预料自己作为浙江人入朝为官更是吉少凶多。

比起朝廷风云，素来性情安稳恬淡的翁合老更爱山野里的农耕，溪畔边的独钓，山林中的采撷。于是思考三日之后，翁合老向官府恳辞，愿乞终养。

关于翁合老辞官这段故事，严州民间文艺家倪孜耕老先生还曾创作了一首《叹翁合老》诗："翁老先知走狗烹，坚辞洪武颁公卿。果然楼上庆功火，烧死大臣数不明。千秋梓里传嘉德，万古家乡传美名。光前裕后儿孙福，一脉分流廊庙情。"诗中对翁合老不图名利的隐逸之心充满了由衷的赞誉。

学富五车，并有效命朝廷之才的翁合老，因其不事张扬的个性，使得生前流传在外的作品少之又少，故现今留存在世的作品更显得弥足珍贵，《春日田园杂兴》《梓洲八景》《常庵》是其代表性作品。其中《梓洲八景》诗，至今仍保存在梓洲村《翁氏宗谱》里。

今天位于梓洲村与浦江交界处，有一座海拔千米的大山东坞，悬崖边的山洞里仍保存着些许就地取材打制的石磨、石灶坑、石水缸、石睡坑等，山下的村民说这是八百年前翁合老的"隐士洞居"。

花园里种庄稼

明朝时期，严州桐庐出了一位家喻户晓的名人。而同为严州人的商辂大学士曾赞美他直谏如唐代名相姚崇，持重敦厚如西汉大臣周勃。这些赞誉并非溢美之词。他为人质朴，身居高位，却平易近人。他孝敬长辈，友好兄弟。他视民如子，见贫困者常给予接济。他就是姚夔，当地百姓称为姚天官。

姚夔一岁丧父，由母亲申屠夫人抚养长大，十三岁贯通经史，为文雄健有奇才。明正统七年（1442）会试第一之后，开始走向仕途。为官一生忠君，一身正气，无论史载还是民间流传，都有他的许多事迹。

正统八年（1443），姚夔被授予吏部"监察部长"，有了向朝廷直接上奏疏的机会。他上的第一道奏疏就是奏请英宗皇帝"修圣德、举贤才、考察有司、慎选御史台、宽诖敕限、革监库之弊、立谥法以劝贤、选教官于当地"。这八事皆关君德、国政之要，切中时弊，深受明英宗嘉许，多见采纳。

同一年，姚夔得知一些地方赈贫粮仓，基层官员怕贫困者不能偿还，就贷给富户收取利息，以致当地平民百姓凶年闹饥荒，丰年也闹饥荒。姚夔急奏朝廷，要求敕天下有司，每年发粮仓必须亲自勘察，先贷给最贫困的人。明英宗见奏，立即下令各地按要求执行，全国不少贫民赖此得益。

明成化年间，江南大旱。姚夔的家乡桐庐更是旱情严重，乡绅里长一趟趟跑桐庐县衙，桐庐县令也一次次跑严州府，都要求放粮赈灾。可严州府台大人认为灾情时有，有问题各县先自行解决。

其他事可以拖，肚子拖不起，桐庐获蒲村也在水深火热中。村里有户人家叫申屠洪林，他老婆说："锅子朝天了，每家每户都在想办法活下去。姚夔在朝里当官，平常我们不求他，眼下日子过不下去，你去找他，总不会见死不救吧！"原来，姚夔是申屠洪林的外甥。

姚夔的父亲过世得早，当年全凭舅舅照料他们母子二人。如今家乡旱灾，申屠洪林相信姚夔一定会帮荻蒲村，于是满怀希望地去了京城，找到姚府。

谁知，姚府两个公差出来说："冒充天官亲戚是要坐牢的，我们得把你押回原籍治罪。"于是，不由分说就将申屠洪林铐了。申屠洪林本是个忠厚农民，此时气愤地对着姚府大门喊起来："姚夔，你的良心被狗吃了，居然连舅舅都不认！"公差高声喝道："我们老爷轮得着你来骂吗？有冤，你到严州府喊去！"

两个公差就像押犯人一样，把申屠洪林押走了。到了严州府，公差交人时说："姚大人见有浙江人喊冤就截住了，让我们把这人带回，要求你们好好查查！"

两个公差当即给申屠洪林卸下枷，开了铐，并把那副手铐交给申屠洪林，悄悄地对他说："姚大人有吩咐，请您回家后，将这副手铐拿到当铺去当了，换回些粮食，可救济荻蒲村民。"申屠洪林拿着手铐，一时回不过神来。

这边府台大人听说京都的姚天官为他截下了一个上访告状的人，吓得半死。上访不是小事，这刁民都告到天官府去了，他即刻开始问审申屠洪林。结果一问，竟是姚夔的舅舅，上访京城的缘由是桐庐遇到旱灾，他这是讨接济去了。

府台大人回想起来，桐庐县令是有过汇报，但总以为他们是在夸大情况，想免去些皇粮。可是，姚天官把舅老爷押我这里来是怎么个意思？师爷说："这不是明摆着，给府台大人一个将功补过的机会。你不仅要伺候好他老舅，还得立马去救桐庐的灾民！"

第二天，一只满载白花花大米的官船停在了桐庐横山埠码头。船上抬下两乘轿子，一帮人前呼后拥去深澳荻浦。轿子里坐着的一个是府台，一个是申屠洪林。桐庐荻浦的灾民很快分到了粮食。五天后，又来了一帮水利专家，他们踏勘了桐庐受灾特别严重的江南地区，多项以解决灌溉为目的的水利工程相继上马……

舅老爷申屠洪林回家后，依照差人的吩咐，将手铐拿到当铺去当。这手铐居然是乌金打造的，申屠洪林这才明白外甥姚夔的心意。为了赈济灾民，不徇私情，公事公办。所送私银，怕他路途遭劫，派了公差，把他当犯人押解，谁会来抢犯人的手铐呢？申屠洪林把手铐所当的银两，一部分换成粮食种子，分发到全村，其余的银两则为村里建造了祠堂。

到了明成化四年（1468），朝廷中慈懿皇太后钱氏去世，周太后欲于百年后与明英宗合墓，故不许慈懿皇太后与明英宗合葬。明宪宗是周太后的亲生子，深感母后之命难违，疑决不下。姚夔再次冒着违忤周太后旨意之险，就"陵庙事"一连向明宪宗上了三道奏章，反复直言："太后与先帝夫妻二十余年，合葬在裕陵，合情合理。如不遵从礼仪，有违先帝之心，也损母后之德，他日若有人以此说事，陛下的孝德在哪？"明宪宗见了姚夔的三道奏章，虽觉有理，但总感觉有违生母周太后的意思，心里过不去。姚夔见上奏章无效，就率朝廷文武百官，跪伏于文华门哭谏。由此，终于感动了宪宗皇帝与周太后，改变了主意，让慈懿皇太后钱氏与明英宗合葬裕陵，神主附太庙。

姚夔的这次劝谏，其实十分危险，弄得不好轻则丢乌纱帽，重则会掉脑袋。所以，后来明宪宗的儿子孝宗皇帝见到姚夔的这三道奏章，极为感慨，深情地对大臣们说："先朝大臣忠厚为国，应当如此！"

姚夔生活简单，除了公务，就是在家，极少串门。京城里别的官员府上花园都百花齐放，而姚夔府内有花园却从不种花，种的是庄稼。姚夔每年都亲自耕作，并称花园为"观稼台"。前来串门的同僚见了都非常奇怪，问姚夔好好的花园为何种庄稼，他说："我这辈子在朝廷工作，拿着朝廷的薪水，却不知百姓种植庄稼的艰辛。我之所以种庄稼，是时刻提醒自己不忘百姓疾苦，老百姓才是我们的衣食父母啊！"

明成化九年（1473），姚夔病重卧床不起，未多时即归道山，享年六十岁。宪宗皇帝听到噩耗悲痛不已，遣百官举哀祭奠。姚夔一生官品人品俱佳，从政辅国三十多年，历英宗、代宗、宪宗三朝，深受器重与爱戴。

大明"第一学霸"

商辂的故事，要从他的父亲说起。商辂的父亲是个秀才，满腹诗书，为人仁厚，在建德、淳安一带是有名的私塾先生，人称"商秀才"。

在建德青山学馆教书的那一年，临近春节，散了馆，商秀才兴冲冲地回淳安老家过年。半路上，遇见一妙龄姑娘在乡道的山坡上投缳自尽，被商秀才及时救了下来。商秀才好言相劝，并把自己教书得来的银两赠予姑娘，让她另谋生路。

商秀才一向为人低调，做了善事，除了家人外，并未告诉外人。可是那年，正月十五还未出头，方圆百里以及严州府城上上下下都传了个遍。当时的严州知府听闻商秀才的人品与才学后，聘请商秀才为严州府法曹司掾，掌管刑房判牍文书。

就这样，商秀才从淳安举家搬迁到严州府治（今梅城）来，居住在城隍庙附近的三间竹篱小院里。

一年之后，商夫人生下了儿子商辂。关于商辂的出世，坊间流传着两种传奇故事。

一说，明永乐十二年（1414）二月二十五这天晚上，严州城里人见府衙上空火光冲天，都以为府衙着了火，大家纷纷担水来扑救。严州知府李兴见窗外满天通红，也认为府衙着火，慌忙起床收拾文书，急忙唤衙役去救火，又派人去府库、监狱防守。顷刻间衙役来报，衙内并无火灾，只是今晚商秀才家夫人生下一个男孩。李兴大惊道："此子生时场景怪异，将来必定是个贵人。"次日，便对商秀才道："待你儿子满月之日，抱来本府一见。"

待到满月之日，商秀才抱商辂去见知府李兴。李兴见商辂眉清目秀、神气轩豁，十分欢喜，并对商秀才说道："你的儿子上应天象，必定不是个凡人，他日必为朝廷所用，为国增光。你要好好抚育，长大后必壮门户也！"

商辂出世的第二种说法是民间一直流传着"秀才生儿子，知府看大门"的故事。话说商辂在母亲的肚子里折腾了好几个时辰都不肯落地，直到知府大人李兴紧赶慢赶地来到商秀才的门口的时候，大胖小子才终于哇的一声洪亮出世。

商辂落地时，商秀才按照老祖宗传下来的规矩，持三炷清香到院门祭拜天地，才知道知府大人一行此刻正在院门檐下避雨。而知府李兴听说商家有喜，更是心中称奇，自己在杭州办完事，原本计划逗留几天，不知怎的，临时改变主意，打道回府。船过七里泷时，一路也较以往风顺。下船后稍事休整，便与轿夫随从起轿回府。夜幕初上，偏偏半途山风乍起，吹得轿帘起伏作响，等赶路行至城隍庙边，豆大的雨点说来就来，急急敲打轿顶。知府与随从一行只好停止赶路，在就近的商家小院门口檐下避雨。

一阵狂风骤雨，待商辂呱呱落地之后，竟然瞬间消停，天空刹那变得澄亮通红。知府心想，商家这小子好大的气派，他出世天象异常不说，还得要他这个四品黄堂看门啊！于是，再三嘱咐商秀才，一定要好好抚养教育这个孩子，将来必是有用之才。

时光不负有心人，商辂自小聪明好学，记忆力超人，有过目不忘之才，六岁熟读儒家经典，十三岁已能写出得体老到的文章，二十二岁乡试夺魁，三十二岁会试夺魁。接着英宗皇帝进行殿试，再次夺魁，成三元及第。

商辂成了明朝名副其实的"第一学霸"。正统十三年（1448），严州知府黄澍以郡人商辂乡试、会试、廷试俱登首选而在府前正街宣威桥上建"三元坊"，以表彰之。而商辂的出生地，老百姓开始唤为"落元里"。

商辂以状元身份被朝廷授官翰林院修撰，后来陆续担任过兵部侍郎、兵部尚书、户部尚书和吏部尚书等职。还主持过《宋元通鉴纲目》的修纂工作，并兼任东阁、文渊阁大学士，参与国家机要事务，一跃成为一名内阁大臣。

居官之后的商辂为人平易近人、宽厚老成，官风清廉正直，有谦谦君子之风。

"土木堡之变"后，商辂积极支持名臣于谦，反对徐有贞。在明英宗复辟之后，他又不畏权奸，公开反对权臣石亨等人，所以屡次受到他们的排挤和打压，最后被革职，回家赋闲。

明宪宗继位之后，商辂官复原职，成为位高权重的内阁大臣。但此时的商辂却仍然看不惯权阉汪直等人的横行霸道、作威作福，于是他联合其他忠直耿介的大臣们联名向皇帝上书弹劾汪直，并列举了汪直和西厂的十大罪状。在以商辂为首的忠义大臣们的强烈声讨和压力之下，明宪宗不得已关闭了特务机构西厂。

汪直和他的爪牙们对商辂恨之入骨，但他们却又实在是找不出商辂的过失和把柄。最后，狗急跳墙的奸佞们利用了一个监狱中的罪犯，以残酷的刑讯逼供，逼这名囚犯诬陷商辂是包庇他的人。然后，汪直一伙以此为依据，唆使谄媚他们的官僚告发商辂。特务组织西厂关闭之后，不久就在汪直等人的鼓动下又重新开设。

聪明的商辂此时也已看出明宪宗依然宠信太监汪直，他觉得在这种环境之下，政事已很难再办，于是便写了奏章，向皇帝请求告老还乡。蒙皇帝恩准之后，商辂毅然回到了淳安里商老家。

居家十年之后，一代名臣商辂与世长辞，享年七十三岁。

起死回生感世人

"不为良相，便为良医"的典故出自北宋名臣范仲淹，意思是好的官员是为民造福的福星，好的医生同样是解民疾苦的救星。历史是一面镜子，在范仲淹任睦州知州后的五百年，严州分水也出现了一位以"不为良相，便为良医"为志向的后生，他的名字叫吴嘉言。

吴嘉言，严州分水人，出生在明代嘉靖年间。他的爷爷以及父亲都是仁医，吴嘉言及弟弟吴嘉训从小就受到父亲良好的医学熏陶，勤奋好学，广施善心。兄弟俩刻苦研读《素问》《难经》等古代医药经典，并把学到的理论知识用于实践，也着实治好了民间不少疑难杂症。

有一次，吴嘉言与弟弟从分水南山采药归来，行至东门时，见有一群人披麻戴孝地抬着一口素棺材，哭哭啼啼地在出殡。吴嘉言一打听，原来是一户穷苦人家的媳妇因难产死了。吴嘉言向棺材望去，见没有油漆的白坯棺材的缝隙里偶有鲜血往下滴，他凭自己的职业敏感，觉得这个妇人还有救！

医者救死扶伤的责任感，促使吴嘉言果断地上前，他连声喊住出殡队伍，他说："棺材内的这个人还有复生的希望，需要马上开棺抢救！"众人都听呆了，这个人是否痴人梦呓？死了的人还能复生？吴嘉言没有放弃，他将看到从棺材内还有血滴出的情况告诉大家，说病人是晕死假死，并非真死。但大家还是很疑惑。

吴嘉言很焦急，大声喊："请不要拖延了，马上开棺！"古时风俗，人死入殓后是不能随便开棺的，吴嘉言说自己愿以生死文书担保。为了救人，他也顾不得那么多了。

大家终于被他这种舍己救人的精神所感动，于是立刻配合地打开了棺材。吴嘉言马上给"死人"搭脉、观察瞳孔，拿出随身携带的针灸器具，选中穴位强刺。还撬开妇人的嘴巴，把几粒自制的"火龙夺命丹"放入她口中。大家都屏住呼吸在观看，空气似乎都凝固了，静得出奇，人人把心都提到了嗓门口。

约过了近半个时辰，妇人的一条腿轻微地挪动了一下，吴嘉言兴奋得几乎要狂跳起来，"死人"终于发出了"还阳"的信号！妇人渐渐地苏醒过来，这个场景把众人看呆了。一个老实巴交的中年农民，也就是妇人的丈夫，泪珠夺眶而出，啪的一声跪倒在吴嘉言面前，向这位救命恩人叩拜。

帮助治丧的亲友们目睹这一切，激动得把吴嘉言抬起来抛向空中。吴嘉言说，这是他应该做的，不用谢。吴嘉言又给产妇开了一张固本、安胎、调理的药方服用，过了没几天，产妇顺利地生下了一个白白胖胖的男婴。吴嘉言"一针救两命"的故事不胫而走，远近闻名，被当地传为佳话。

分水知县立即将此事上报朝廷，后来吴嘉言被朝廷召聘，任太医院吏目。吴嘉言在太医院中如鱼得水，更潜心研读丰富的医药藏书，结合自己的医疗实践，撰写了《医药统宗》三卷、《针灸原枢》二卷、《医经会元》十三卷，为国家的中医事业做出了巨大贡献。

弟弟吴嘉训也受哥哥的影响，潜心学医，救死扶伤，时有"吴门扁鹊"之誉。礼部尚书潘晟、祭酒余有丁皆有赞赠。鉴于吴嘉言的杰出成就，朝廷于万历四年（1576），敕准在吴嘉言的家乡严州分水东门为他竖"三世名医"石牌坊，对吴嘉言精湛的医术和高尚的医德予以表彰，昭示后人。只可惜这座"三世名医"牌坊于1966年"文革"时期被毁。

桐庐之名始出桐君，他是上古黄帝时人。桐君药祖、三世名医吴嘉言，都是桐庐历史上中医中药文化的杰出代表人物。他们德技双馨、造福百姓与乡里的精神，永远是后人学习的榜样。

一封休书写出名的进士

李文冈出身于严州寿昌的官宦门第，从小在祖父李鼎办的家塾"石泉书院"读书。祖父很严格，李文冈很聪慧，所以李文冈从小文章做得连篇妙语，书法写得凤舞龙飞。父母知道儿子日后势必成才，但对他的管教依然不放松。

李文冈十一二岁时，有一天放学回家晚了。母亲追问缘由，李文冈兴致勃勃地告诉母亲，回家路上帮人写了篇文章，那人夸赞他文好字好，比寿昌县令的师爷写得还要好。李母忙问："写的是什么文章？"李文冈回答说："写的是一封休书。"

母亲勃然大怒，痛骂李文冈："你为别人代写书信是做好事。你什么都好写，怎么能够代写休书，去拆散人家夫妻？老古话说，夫妻吵架，劝和不劝散。你可倒好，竟帮人写起休书来了。你马上去把那份休书要回来。要不回来，就不要回来见我。"

李文冈从未见母亲生过这么大的气，不敢怠慢，出门找到托他写休书的那个人，说在回家的路上仔细想了想，其中有个字写错了，要改一改。那人不知所以，就把休书给了李文冈。李文冈拿过休书，立马把上面每一个"休"字都挖了出来，塞到嘴里咽下去。待那人反应过来，抢也来不及，休书成了一张废纸。

明嘉靖四十年（1561），李文冈不负家族厚望，如愿考取进士，开始了他的为官之路。

李文冈出任陕西副省级官员时，陕北黄土高原的环境恶劣，地域严重缺水，百姓的生活饮用水都供不上，日常用水全靠坝堰拦截的一点雨水维持。往年，一年到头，都难得落雨。李文冈到任的这一年，偏偏就下了场罕见大雨，将拦截雨水的坝堰一下子冲塌。坝冲掉，水也流光了，百姓的日子更是苦不堪言。李文冈到任的当务之急是把坝堰修好。

修坝堰需要银两，可是朝廷没有拨给李文冈修坝堰的资金。老百姓连吃饭都没着落，银两如何征收？没有资金，李文冈带头把自己所有的积蓄都捐了出来，一起共事的同事们也只好跟着捐出钱财。有了这些由府衙带头捐助的银两打底，李文冈亲自勘测地形，制定坝堰修建方案，参加挖泥挑土。

眼看坝堰就要完工了，李文冈的行囊已是空空如洗，除了朝廷发的官服外，他已把所带的衣物都典当得差不多了。于是，挖泥挑土时，就光着膀子。坐公堂时，就光膀子直接套上朝服。

李文冈光膀子修坝堰的事，一传十，十传百，大街小巷，方圆百里，人人皆知。身边有同事问李文冈，你如此一心为民，不顾自己，有什么意义？李文冈回答说："我只是尽我的本分而已，当官不为民造福，这官岂不白当？"

坝堰下的百姓十分感动，纷纷捐银捐物、出勤出力，坝堰很快就修好了。可李文冈光膀子修坝堰的故事却在民间传了一代又一代。

李文冈在官场上打拼了几十年，因为勤政，官越做越大，也同时因为正直，得罪的人也越来越多。李文冈在贵州任"政法委书记"时，大刀阔斧，惩戒了不少贪官污吏，同时也招来陷害。

有一年，李文冈的同族叔叔来到贵州，想让李文冈给他安排一个官差做做。正直的李文冈回复他说："政府官职岂是我私人可授，叔叔年事已高，一些劳力也不适合你。与其背井离乡，不如回家自给自足，日子可比在朝堂踏实多了。"

李家叔叔知道李文冈的个性，也不再强求，旅游休闲了几日后，准备打道回府。回家的前一天，被贵阳城头的酒家所利用，酒家老板设计了一副包金的铁链送给了李家叔叔。待李家叔叔上路回浙江严州时，酒店老板立马差人到京城，奏报李文冈贪赃枉法，将贪污来的几百两金子打成铁链，让自己的叔叔带回家。

朝廷收到举报，立即安排检查组前往寿昌搜集证据，如果证据确凿，李文冈撤职查办，全族遭难。可检查组到寿昌搜取证据的时候，李家叔叔捧着一根铁链，站在门口破口大骂："李家出了无情无义不孝子孙，我历经千辛万苦到了贵州，这没良心的不认亲倒也罢了，还给我戴上了铁索，押解回乡。做了官，良心这么坏，回来我定要用这铁链打烂他的头！"检查组将铁链一段段砸开，哪里有什么黄金，明明是一副千真万确的铁索链。检查组回去如实禀报，此事也就慢慢地平息下来。

原来，李家叔叔在贵阳时，就知道酒店老板不怀好心。回到寿昌，他立即叫来铁匠，按照贵州带来的链子仿打了一副，并用盐水一泡，丢在天井里，看起来就像一副生了锈的铁链，以此保护了自家的侄儿。

后来，李家叔叔用这些黄金，把家乡的南海坝好好地整修了一回，也算是为村里造了福。而贵州那个酒店老板想陷害李文冈没得逞，还真真切切地赔了好几百两黄金，真是偷鸡不成蚀把米。

日后，李文冈听闻此事，也是哭笑不得。好在这一笔钱，李家叔叔是用在村里，也就不再追究。

说到为村里造福，李文冈有一年回乡省亲时，曾为寿昌河南里造挡水墙，差点被朝廷撤职查办。

李文冈在京城的监察工作十分出色，得到明世宗的赏赐，拨专款让他回乡建造府第。李文冈回乡之后，却请了石匠在整个村庄的西、北两面造起城墙来，一是为村里防盗，二是防洪。

没多久，城墙的基脚起好，准备造墙体时，李文冈收到在京城当官的同乡好友胡同文寄来的快信，信上说："有人向嘉靖皇帝奏本，告你违抗皇命，私造城墙。"

李文冈顿时一身冷汗，虽知有人陷害，但皇帝给的钱是造府第的专款，自己却用来造城墙，这可都是事实。李文冈焦虑不安的那几天，江南的梅雨季节来了，大雨一连下了好几天。

沟渠里河水暴涨，刚起好的城墙基脚已经被洪水带来的污泥淹平了。等雨停，检查组也到了寿昌河南里，一看李文冈虽没有造府第，但把皇上的奖赏用来造挡水坝，造福于民，这是件有意义的事。

嘉靖皇帝知道后，夸奖李文冈心系桑梓，为民造福。于是，追加奖赏黄金千两，用来再建进士府第。

一路被朝堂惦记的海青天

明朝有个以清正廉洁、刚正不阿而享誉古今的人，他性格耿直却屡获升迁，走了不少弯路却始终没有被朝堂忘记，他就是海瑞。

海瑞，琼山（今海南海口）人。海瑞四十岁那年，参加第二次科考又考砸了，他感觉自己前途茫茫，人生考了大半辈子，连个进士功名都考不上。家中上有七十岁的老母，下有四五岁的幼女，海瑞终于决定放弃考试，一把火，烧掉了所有用于科举考试的书籍。

除了一肚子四书五经，别无他技，海瑞只能去南平县当老师。他不再想当官这事，想得最多的是如何讲好每一堂课，挣更多的钱养家糊口。

可命运就是这样不可思议，有心栽花花不开，无心插柳柳成荫。明朝的巡视组到南平县进行教育工作调研，当学堂所有人跪在地上通报自己的姓名时，海瑞却鹤立鸡群地站在跪拜的人群之中。巡视组的大官走南闯北数十年，地方接待都是点头哈腰加跪拜，从未见过海瑞这样傲视他们的人。

海瑞倒也不慌，长揖行礼，客气地说，这里是老师教育学生的地方，唯孔老夫子外，不行屈身之礼。

巡视组领导十分不悦，决定找个茬对这个"呆子"施以教育。通过三个月的调查，他们不仅没有发现海瑞的任何污点，反而觉得他教书水平高超，教出来的学生成绩也十分优异。没办法，只得再往前查，这一查挖出当年海瑞中过举人的事，并挖出他十年前乡试时写的《平黎策》。

《平黎策》传至皇上朱厚熜看后，朱厚熜大呼好文好人才，不该埋没在民间。即刻下令，任命海瑞为严州淳安县县令。就这样，海瑞的人生大逆袭开始了。

淳安当时是严州府最为贫瘠的县，山多地少，除了茶、竹、杉、柏，没有其他的物产，每年打的粮食也相当有限，但税赋却不低于严州的其他县，老百姓生活苦不堪言。

北宋末年的方腊起义，昭示着淳安人民的生活已到了最底线，但统治阶层依然变本加厉地对淳安人民进行压榨。在淳安人民的心中，改天换地已成为他们的奢望，只寄望于他们的父母官能够改变他们的生活。海瑞就在这个时候出现了，那年他四十四岁。

海瑞是当了官，当的却是贫困县的父母官，别说得到好处，生活还不如当小学老师的那几年，常年穿布袍、吃粗粮，自己种菜。有一年，海瑞给母亲办大寿，这次他决定破费一次。

没想到，这事一传十，十传百，最后连直浙总督胡宗宪都知道海瑞要破费给母亲做寿，他派人暗中调查，结果是大跌眼镜。用胡宗宪当年的话说："没想到，海瑞这个人这么抠，给八十岁的老母祝寿，才买了两斤肉。"

生活很苦，繁重的税赋让淳安百姓纷纷逃亡他乡。海瑞在当县长期间，整顿吏治，平赋税，为老百姓着实做了不少好事，修筑县城、丈量田地、调整均徭、严饬大户、改祠建学外，甚至几十年的冤假错案、疑难杂案，都在他明察秋毫的审查下破了。

更重要的一点是海瑞不畏权贵，一个小小的芝麻县官，多次打击比他大很多的贪官污吏，深得民心。

有一次，胡宗宪的儿子路过淳安县，作威作福，吊打县府的官员。海瑞知道后，立刻让人把他抓了起来。胡公子大喊："我爸爸是直浙总督胡宗宪，你们还想不想活了？"海瑞对办案的"民警"说："别听他胡说，胡总督当年考察巡视各部门，穿着朴素，所到之处，明文规定不要铺张浪费。这个人行装丰盛，穿金戴银，肯定不是胡公的儿子。"海瑞没收了胡公子大量的金子入县财政，并报告胡宗宪："此人冒充总督公子，胡作非为，败坏总督的名声。"弄得胡宗宪哭笑不得，只好自认倒霉。

后来，朝廷"检察院检察长"鄢懋卿出巡调研，准备路过淳安县去齐云。鄢检察长的习惯是每到一地之前，先提前发官文通知地方，明明极尽贪腐，却一本正经地说："我鄢某素来简朴，不喜承迎，凡饮食供帐，一切从简。"当海瑞得知他带着小妾，乘着五彩大车，极其奢靡而来，立即去信回复鄢懋卿："淳安县城狭小，是出了名的贫困县，容不下众多的车马，还望大人取别道前往齐云。"鄢懋卿气得鼻子直冒烟，只得绕道而去。

海瑞做官，不谋取私利，不谄媚权贵，是个刚直不阿的好官，因此淳安的老百姓更爱喊他"刚峰老爷"。其实，再有棱角的石头，也禁不住溪水的打磨，只不过海瑞的圆润，从未失去刚直的内心。海瑞在一次酒后吐真言：打抱不平的人其实挺多，只是我有这个平台可以打抱不平。老百姓够苦了，不能让他们受苦又受冤屈。所以，在处理这些事情上，最坏的结果也就是罢官；可最好的结果，是能为老百姓办事，能办一件是一件。

海瑞在淳安当官多年，上上下下却得罪了不少人，严嵩让鄢懋卿想办法定海瑞的罪，目的只有一个，拿下海瑞。可人算不如天算，还没有等到除掉海瑞，严嵩的儿子严世蕃东窗事发，严嵩贫病交加，在举国一片骂声中死去。

嘉靖四十五年（1566），海瑞被明朝政府"司法部长"陆光祖荐举，任命为户部主事，主管人口普查工作。

再后来，海瑞又因其刚正的个性一石击起千层浪，原因是他给皇上写了份《治安疏》，而明世宗朱厚熜看到这篇《治安疏》气得直哆嗦，差点吐血，海瑞也如自己意料之中地蹲入大牢。

海瑞曾得罪的官员纷纷上书，主张对海瑞处以极刑。却没想到这个时期，朱厚熜身体亏空已久，呼吸微弱，驾鹤西去。裕王朱载垕（明穆宗）继位，年号"隆庆"。海瑞和何以尚及其他所有谏言的官员都被释放出狱，海瑞官复原职，不久调任右佥都御史，官至三品。

万历十五年（1587），海瑞病死于南京官邸，获赠太子太保，谥号忠介。海瑞死后，他的传说故事在民间广为流传，人们誉之为"海青天"。大江南北，老幼皆知，大明朝有一个不畏权贵、敢于和皇上叫板的人，那个人的名字叫海瑞。

一念天堂一念地狱

历代封建社会有一种传统，就是给有功名、科第、忠孝节义之人立牌坊，而牌坊建造的最终审批权基本都掌握在皇帝手中。所以，能得朝廷批准的牌坊，都是无上的荣耀。

明朝万历四十四年（1616），严州古城的府前正街竖起了一座"清朝耳目坊"。"清朝"是指政治清明、朝野安定。"耳目"大抵就是把民情、民意上达朝廷，皇帝则顺应民意，出台相应政策，颁行天下，服务社会。

因为这项"耳目"工作做得好，做得出色，得到皇帝表彰，进而竖立牌坊，能得此殊荣者，在全国也屈指可数。这个牌坊的主人叫毛一鹭，严州遂安人。

毛一鹭出生在遂安泮塘的一个世家，从小生性顽劣，但天资聪慧，因为毛氏家族家学深厚，家教贤明，与别家的孩子比，毛一鹭的学业和眼界都赢在了起跑线上。

毛一鹭是明万历三十二年（1604）中的进士。在松江担任司法工作的六年里，毛一鹭廉洁奉公，忠于职守，理狱循法酌情，体恤民意，首创与"热审"并行的"冷审"制度，于一年中的寒冬季节宽释罪囚。能在寒冬季节把牢中的囚犯放回去与家人团聚，享受天伦之乐，可见毛一鹭不但宅心仁厚，宽宏仁慈，还是位有想法、有创新的好官。

而作为一名深谙程朱理学的读书人，毛一鹭为官期间，还特别关注教育，注重培育士人。据说，天启二年（1622），松江府有十四人考中进士，无不得益于毛一鹭对教育的重视，以及对士子的谆谆教诲。

毛一鹭还在公务之余躬笔疾书，著有《云间谳略》十卷，内容为在松江所断案件判词，均是他审理疑案的成功案例。毛一鹭断案之神，尤其是他的思路和推理在同事眼里都是高不可及。

后来，毛一鹭被朝廷提拔担任广东省"纪委监察长"（广东道监察御史），动身赴任的那天，松江府居然出现了城内万人空巷、城外十里相送的感人场景，老百姓都舍不得这样的好官离去。

毛一鹭目睹十里相送，自己也很感慨。他想到为官之初的这些年，干的就是三件事：弹劾、建言和审案。三件事都以国泰民安为目的。任期内他监察百官，巡视郡县，纠正刑狱，整肃朝仪。他是皇帝之耳目，权限不小，但责任也不轻。

从十里相送可以肯定，这些年的毛一鹭是做到了官声清廉，儒雅崇文，判案如神，爱民如子。否则，也不会受到百姓如此拥戴。

毛一鹭什么时候开始，心性蒙上了尘土？后人忍不住究其缘由。其实也不难明白，毛一鹭的变化与明代再度盛行的朋党之争不无关系。人性之善变，在权势和利益面前，便会赤裸裸地显现出来。

从天启年间开始，在不问是非曲直的党派之争和相互厮杀中，毛一鹭的官当得战战兢兢，如履薄冰。那个时候，魏忠贤在朝廷中一手遮天，官员的升迁调动，都是这个封为九千岁的魏忠贤把持，以致人们只知有忠贤，不知有皇上。

像毛一鹭这样的读书人，当时的环境下，他一定不记得严州府前正街的那座"清朝耳目"坊了。他忘了那是皇上对自己任期内最好的嘉奖，忘了他曾经是众人瞩目的标杆。他只想一件事，好好活下去，于是拜在了干爹魏忠贤门下。

话说天启年间，毛一鹭被朝廷委派担任了江苏巡抚。为了讨好魏忠贤，毛一鹭大兴土木，将其生祠立于姑苏城外的虎丘山。这个行为遭到了当时的东林党人的唾骂，其中包括周顺昌。

苏州人周顺昌刚直不阿，因为不肯阿谀附和魏忠贤及同党，行为激愤，而遭到了魏忠贤及同党的忌恨。天启六年（1626），毛一鹭按干爹嘱咐，罗织罪名数桩，上书朝廷构陷东林党周顺昌等人。

听闻京城魏忠贤派锦衣卫到苏州逮捕周顺昌，苏州老百姓激于义愤，以颜佩韦、马杰、沈扬、周文元、杨念如五人为首，聚集了数千人，向江苏巡抚毛一鹭请愿，要求为周顺昌开脱。

可是，苏州百姓哪里知道毛一鹭本就是魏忠贤的人啊，他们没料到毛一鹭反而抓捕了周顺昌。矛盾激化，百姓愤怒到无可发泄，当场打死了一名前来抓捕周顺昌的锦衣卫缇骑。看集结的百姓气势汹汹，数名缇骑受伤后便逃走。毛一鹭见事发紧急，藏在茅厕中，得以保住一命。

锦衣卫的校尉潜逃至京城，向魏忠贤报告苏州发生了巨大的民变事件。魏忠贤大怒，谕令毛一鹭对案犯"不留后患"。

此时置身这个权势场中的毛一鹭，早已不像当初在松江府，依照大明律法，丁是丁，卯是卯，件件办成铁案，卷卷经得起推敲，桩桩为人所称道。眼前一切都像有人在背后推着他。

面对干爹魏忠贤的旨意，他对现场抓捕的五人，吐出一个字："斩！"语气斩钉截铁。

封建王朝的权力斗争历来是残酷的。在这场博弈中，常人看来已经身居高位、权倾一时的毛一鹭，其实也不过是一枚微不足道的小卒子。天堂和地狱，只在一念之间。

三百多年过去了，沉睡多年的严州牌坊石构件都在考古中一一重现，每一座牌坊都是历史的符号，每一座牌坊都有自己的故事。府前街修复后的"清朝耳目坊"，在历史的钩沉中，留给我们的除了感慨，更多的是警示……

培风塔下的进士村

《醒世恒言》里有这样一句："救人一命，胜造七级浮屠。"七级浮屠，就是七层塔。在佛教中，七层的塔是最高级别的塔。

严州淳安赋溪村口，有一座楼阁式的七层六面砖木结构的宝塔，塔身挺拔优美，尖顶直刺云天，塔的每层都有飞檐翘角、斗拱窗户。登临眺望，村庄、田野、溪流、山峦、翠竹尽收眼底。这座塔叫培风塔。

赋溪村以方姓和王姓为主姓。方姓是方储后裔，北宋年间从进贤乡育村（今千岛湖大桥西头）迁入。王姓是从东源港中游航头村迁入。明清时期，赋溪村的方、王两大姓就在暗中比拼教育投资。一时之间，方、王两姓出了近二十个进士。这个时期，赋溪村中乡官多多，门庭若市，成了闻名东南、威震严州的著名进士村。

民间有个说法，最初的赋溪村三面环山，但东北空缺，在风水上是不吉利的，因此邑人方尚恂主张为村里择地修塔。又因为这个地方修塔非常困难，加上村里没有钱，所以塔的建成耗了漫长的时间。

方尚恂，严州淳安赋溪人。明万历四十一年（1613）考中进士，授刑部主事，历任员外郎中。明万历四十六年（1618），主考贵州乡试，后任福建建宁府知府。

明万历年间，发生了福建瓯宁吴建之乱。方尚恂任职建宁，当时吴建余党还未完全清除，任上旧年滞留的案件堆积如山、凌乱不堪。方尚恂抵达建宁之后，整顿徭役编制，合理部署城守，减免力役和赋税，迅速断决旧年积下的案件。

明天启三年（1623），方尚恂升湖广按察司副使，分守湖北道，备兵湖南湘西辰阳。当时湘西苗民起义，大肆剽掠平民百姓的财物，辰阳县城告急。方尚恂上任，带领军民修筑城墙，增强兵力守卫，并擒斩苗民首领数人，稳定了人心。

到了明崇祯帝时，农民起义烽火连天，京城吃紧，崇祯皇帝命方尚恂为江南七省筹粮官。明崇祯十七年（1644），方尚恂遵命筹好了粮饷返回京城，在粮饷运至离京城不远的地方，得到了确切的消息，说崇祯皇帝已驾鹤归西，京城被农民军领袖李自成占领。

政权已变，天下大乱。方尚恂连忙将运粮饷的马车掉转头，运向南方，日夜兼程。到了杭州，方尚恂想了想，皇帝已死，国也不国，军饷移交给谁呢？于是，他就地将粮饷分给了随从和押运的军人，自己的那一份也运回老家。然后，方尚恂开始用这部分粮饷换取银两，在家乡的高陇坂中建起了一座宝塔，起名培风塔。余下的银两，用于修桥铺路。

其实，赋溪村有心建塔的意愿已历经三代，到方尚恂手上才最终建成。崇祯元年（1628），方尚恂牵头开工建塔。在开辟塔基时，适逢连绵阴雨，又地处畈中，地下水不断进涌，花了很多工夫，挖到一丈六尺深才露出鳖背（硬基）。这让旁人有了很多闲话，不肯合作。所以，整个过程经过了五年，到崇祯五年（1632）九月才竣工。崇祯八年（1635）又重葺塔顶。前后共八年。

塔由安徽歙县三个汪姓工人建造。塔七层，八面玲珑，别具一格。用砖瓦三十八万三千五百有奇，花费金钱一千四百五十两，其中方尚恂捐助近一半，另一半由乡里赞助。

培风塔立于畈中，登临望远，荡气回肠。乾隆县志载王蛟诗："培成卦位山趋艮，护作金堤水自东。绝顶喜攒云外树，苍烟回罩夕阳红。"是为赋溪乃至新安江畔一处亮丽风景，一座标志性建筑。

自培风塔建成之后，赋溪村就开始不断有进士及第的捷报传来，方尚恂的曾孙方槼如考中了清康熙四十五年（1706）进士，担任丰润县知县，留有《集虚斋学古文》等著作。

培风塔一直保留到新中国成立之后，其中塔顶还长有一棵枣树，现在健在的老人仍然有深刻记忆。1959年，新安江水库蓄水，赋溪村移民，为保障水库安全通航，在考古工作者调查之后决定拆除培风塔。培风塔经历三百多年的风雨之后，淹没于千岛湖万顷碧波之中。

据说在拆塔之前，考古队将建塔碑文拓下之后，并就塔内碑文内容走访了赋溪村民中的一位老者，考古队从老者口中得知塔正西面有一小小茅草山，叫塌山。考古队领悟了碑文"塔对塔，尖对尖；有人得的着，银子十万零八仟"的含义，第二天就先到塔西面的塌山顶上开挖埋银子的地点。结果，挖出一座衣冠墓，墓中有一只小小陶缸，缸内确系银子。

考古队对碑文的剖析是，塔对塌山，塔尖对塌山顶，早晨太阳出来以后，塔的阴影落在塌山上，而塔尖的影子刚好映在塌山顶上，特别秋天的月夜更明显、更清晰。消息传开，一时轰动赋溪村，老百姓都说考古队有本领。

塔拆掉后，考古队开始拆方尚恂的老宅——流光堂。在流光堂大门内左侧墙上也嵌有一块茶园石的小小碑石，刻有"子孙败，拆拆卖"字样。这是方尚恂怕子孙将来家道中落后把整幢房子都卖掉，提醒子孙要卖就拆房子的砖瓦卖，拆时自然就会发现墙内埋有银子。果真，考古队在房子大门顶上拆得石匣一只，内有金凤冠一顶。

缘起宋家湖

宋家湖是贯通严州府城梅城东西两湖水流的一段，是城东集聚山水灵气的城中小湖水系的明珠。这块风水宝地上有依湖而踞的深宅庭院，宋家就在这深宅内居住，四百多年前，严州人宋贤就出生在这里。

宋贤小时候，最爱去的地方就是自家的湖边，无论春夏秋冬，每天不戏水一番，这一天就睡不着觉。宋贤的叔叔喜欢钓鱼，一得空闲就拿根鱼竿在自家湖边垂钓，但钓鱼的水平却很差，有时半天也钓不上一条。据说常在湖边玩耍的小宋贤看不下去了，有一天，他说："叔叔，我教你钓鱼吧！"叔叔说："你个小鬼鱼竿都没摸过，年纪不大，牛皮倒吹得老大。"小宋贤调皮地说："你按我的方法，如果钓不到鱼，我给你磕三个响头好了。"

宋贤对叔叔说，明天早上七点到湖东南角钓吧。叔叔半信半疑。第二天一早，叔叔按照指定的位置放竿，果然半个时辰，钓起十几条鲫鱼。叔叔很吃惊，追问下，小宋贤才道出缘由。

原来，每天早上，宋贤都会在湖边东南角的石坎上晨读，会将自己早餐的馒头剩留一点，揉成碎渣投湖喂鱼。久而久之，宋家湖的鱼儿每到这个时辰就会聚集在东南角，等吃那馒头碎渣，时间一长，鱼儿养成了习惯。宋贤还说，阴雨天气，西南角的鱼特别多，那里是深水区，鱼都钻上来浮在水面呼吸，清澈可见，好钓。

叔叔这才明白，这个聪慧异常的侄子，为什么每天都爱撒欢在湖边。从幼年时，宋家湖就赋予他无形的灵气，让他在不知不觉中掌握了这湖畔一切草木生灵的生长规律。

果然，长大后的宋贤不负众望，于明天启二年（1622）考中进士，放榜这一天，全严州百姓都聚集在东门街，敲锣打鼓地欢庆。不多久，宋贤就担任了江苏常熟县的父母官。

在常熟为官期间，宋贤精通水利，处处以百姓之忧为忧，以清正廉明著称。而他的前任县令杨涟，也是进士出身，秉性刚毅，惠化于民，深受百姓敬爱。所以，常熟百姓有"前杨涟，后宋贤"之谣，歌颂前后两位县令老爷。

过去官场陋习，新官上任时，下级和同僚都以钱物馈赠，谓之"书仪"，类似现在的送红包。宋贤在担任河南行政长官时，官僚们纷纷赠献和笼络他，然而宋贤谢绝一切馈赠，即使是交好的朋友，也一概不收。这件事在当时的官场，显然是不合俗流，却迅速在民间流传开来，不仅黎民百姓交口称赞，连朝廷皇上也有所听闻。

在后来的一次朝堂议事时，思宗皇帝提到山西是京都的右臂，地理位置十分重要，但一时找不到合适的人去担任山西巡抚一职。几位大臣议论人选时，提到宋贤，思宗皇帝说："是那个任河南道台、拒收'书仪'的人吗？"可见当时的宋贤，其廉洁已为天下所闻。

宋贤任山西巡抚一事，民国《建德县志》中记有这样一则故事：世居梅城的宋贤，其家在东关、三都一带均有田产。宋贤在家读书时，也帮助料理家事，了解民情。有一次下乡收租，夜行归来，走到东门，天色未明，城门紧闭，疲倦的他就倚靠在城门边休息，不一会儿就进入梦乡。梦中见一个兵卒手持"治愚弟关羽"的名帖来请，宋贤飘飘然随之而去。进了城，到城门北侧的关帝庙里，见关圣帝早已走下神龛，站立在案旁迎接，十分恳切地以保全山西地方黎庶生命安全为请托。

后来，宋贤升任山西巡抚时，见盗寇为患，生灵遭灾，这才和同僚们讲起自己年轻时的那个梦，原来身为山西人的关圣帝早已知之，故有嘱托。

宋贤在山西巡抚任内，第一件事情就是除暴乱，树朝廷官威，狠打狠抓，对欺凌百姓零容忍，扎扎实实地为民做了不少好事，使民安生。山西事平，宋贤就向皇帝告病假，急流勇退，皇帝恩加兵部侍郎官衔，批准他告老还乡。

回到家乡后的宋贤，不遗余力地为家乡做了不少好事，如办学、修路、疏浚河道等。朝廷为了嘉奖宋氏一族，而在东门外塞北桥头竖立起一座高大的"祖孙科甲坊"，分别为明举人宋显、宋澄，贡生宋应奎、宋邦机，以及进士宋贤而立，以彰显后世。

说到东门街的牌坊，老梅城人一直有个传统，如果遇见没什么本事却自视甚高、好吹嘘，以抬高、显示自己的人，就会对他说："你这么有本事，东门街牌楼怎么没有你的名字？"或者是直接不客气地怼回去："你好到东门街上去竖牌楼了！"

为什么要说到东门街上去树牌坊？是因为东门街的牌坊多，史载东门街和东门外共有十五座牌坊，有富寿坊、联桂坊、三俊坊、都宪坊、文衡坊、孝子坊、贞节坊等等，这些牌坊中，又以世居东门街的宋贤一家祖孙三代的"祖孙科甲坊"最为显赫。

"祖孙科甲坊"坍毁于什么年代，人们已经忘却。宋家祠堂门前的旗杆石，也早已不复存在。宋家的后花园大约荒芜于清朝末年。清道光五年（1825），严州知府聂镐敏疏浚东湖时，宋氏后裔也将宋家湖捐出，改名"小东湖"。不过，古城百姓至今仍习惯呼之为"宋家湖"，习惯在茶余饭后讲述宋贤的故事。

老当益壮毛凤彩

古时候，大多数人都是通过考取功名而走上仕途，以实现抱负，光宗耀祖。但科举功名也不是一般人能够博取的，不仅需要才华，还需要毅力和运气。严州寿昌人毛凤彩就是这样一个执着的读书人，从二十几岁开始参加科考，持续了四十年，终于考取进士，这一年，他已经六十四岁了。

毛凤彩中进士后，任成都府华阳县知县。在知华阳县六年期间，虽然碰到的尽是些王府横行、胥吏猖獗等棘手之事，但经过毛凤彩一系列举措的实施后，却也收到了良好的成效。只是盗寇猖獗，四处扰民，一时难以根治平息，搅得毛凤彩日夜不安。

说实话，要灭几处匪巢倒是不难，可是官吏、族首与盗寇相互勾结，既可从中分得一杯羹，又能求得一时的安稳。不少的府儒、宗祠成了盗冠的巢窟，盗首成了达官贵人的座上宾。

当时，华阳县诸多盗寇中，罗成业势力最大，横行川东，贻害民众，百姓生活苦不堪言。人人恨之入骨，却拿他无可奈何，因为罗成业终日寄宿在川东各县的头面人物家中，过着花天酒地的生活。

毛凤彩上任伊始，对这些百姓痛恨的人与事，也是严惩不贷。百姓就像连日风雪突遇太阳放晴一般，觉得日子有了盼头，纷纷向毛凤彩提供盗寇的去向和近况。某天有人来报，说盗首罗成业躲在南川府中。毛凤彩接报后想，南川与华阳相隔数百里，且又躲在府衙中，抓与不抓，抓不抓得到，抓到后又该如何处置，这些都不是光靠激情、一腔热血就能做好的事情。这时，毛凤彩想起了东汉司隶校尉李元礼。

李元礼，东汉颍川襄城人，为官清正冷峻，惩治阉人宦官贪污腐败毫不留情，曾经被一贪官反咬一口而遭罢官下狱。后来，由于陈蕃等诸多影响非常之大的高官反复上表，为李元礼辩析冤情，声称不但应该将他释放，还应升他官衔，李元礼才被释放。

李元礼释放后，仍旧耿直威正，一如既往地追查官场里的贪污腐败现象。那时候，宦官张让在朝中有点势力，他的弟弟张朔却是个地道的霸主，贪残无道，甚至连孕妇肚子也敢剖开，看看胎儿在娘肚子里究竟是个什么模样，残暴到令人发指。

当张朔知道李元礼要抓他，就跑到京师哥哥张让家中，躲在房屋柱子的夹层里。李元礼追到张让府上，破开墙壁抓住张朔，审问罪行后，很快将他正法。张让得知这个消息，跑到皇帝跟前恶人先告状，说李元礼杀罪犯不请示皇帝，私自动手。

李元礼并不惧怕，慷慨陈词，辨析义理，皇帝被说服了，回头答复张让："这都是你弟弟自己做得不好，与李元礼没有什么关系！"此后，朝中宦官大臣再不敢私自出宫为害百姓，都兢兢业业坚守岗位，不敢懒政放纵。皇帝见到这个奇怪的现象，就问为什么变得这么胆小，宦官们说："怕那个李校尉啊！"

毛凤彩想到，对罗成业这样的盗首不惩治，又何以谈清源正流？先贤李元礼敢于破墙求奸杀张朔，我但求正国法以护境民，又有什么放不下的？于是，他亲率兵丁，直赴南川府，擒获大盗罗成业等三十四人。一时间，毛凤彩不畏权贵力擒盗首的事传遍了整个川东。

之后的几天，华阳县衙门热闹非凡，四乡百姓抬着猪羊，护着一块书有"名高破柱"四字的牌匾，敲锣打鼓地来犒劳慰问为民除害的毛凤彩一干人等。这样的场面，在华阳县衙前延续了不少时日。

且说毛凤彩擒得盗寇罗成业后，既有平民百姓拍手称快，也有不少暗地里咬牙切齿的，这些不和谐的声音不时在华阳及各处响起。

明崇祯十年（1637）的冬天，四方流寇纠集在一起，向成都进发，其势汹汹，远近震恐。当时的华阳为成都附郭，成都则是蜀之会城。流寇来犯成都，华阳是第一前线。毛凤彩在华阳六年，成都城内比他大的官不少，但真正能当锋受敌的，却是没有，凡事皆由毛凤彩出面调停。其他一些官员也乐得将毛凤彩推到前线。因此，毛凤彩既是县令，还兼将帅。毛凤彩不知道自己的尽心尽责，招来多少嫉妒的眼神。这也是当时翰林院庶吉士、蜀人李长样所言的"将帅媚嫉如斯，国家安得不败"的来历。

此时，流寇来犯，毛凤彩奉令指挥堵截，流寇不敌，望风而逃。当时有人传言，城中有恨毛凤彩的人联合在一起，准备好刀枪，伺机发难。还传有近半的大商贾，欲通往关西一带，向盗寇投送情报，充当耳目。总而言之，就是想置毛凤彩于死地。

毛凤彩沉着果断，精心布防，终于使华阳得以保障。后又奉令组织军队，追剿流寇。追至楚中，收到父亲毛邦政病丧的家信，方才惊觉自己离开家乡已是好几年了。一心为了政事忙碌，却忘了自己还是个上有年迈老父亲的儿子。老父亲过世，是到该回家的时候了。于是，他怀着虔诚、谢罪的心情，按当时惯例，匆匆与属下办好交接，急急转道回乡奔丧。

也就是在毛凤彩回家奔丧期间，流寇与官家勾结，劣绅与将帅密谋，几番呈递奏章，状告毛凤彩临阵脱逃，致使成都遭流寇蹂躏，生灵涂炭，终将毛凤彩告倒下狱。

毛凤彩在狱中受尽百般折磨。原先提携他的上司，在一旁不敢言语，唯恐惹祸上身。众多四方百姓为他鸣冤叫屈，却是哀告无门。到了这个时候，严州寿昌有名的孝子毛可法可坐不住了。

毛可法是毛凤彩第三个儿子，十七岁中秀才。爷爷毛邦政患病，毛可法持续半年昼夜服侍，毫无怨言。爷爷临死前，将几个孙子叫到床前，取出朝廷封赠的两套朝衣，说："我身无余业，唯有你们父亲当官，才带给我这两套朝服。我卧床半年多，全靠可法照顾，现在留给可法，作为这半年来的酬劳，他人不得相争。"说完，两眼一闭，驾鹤西去。

毛可法是个孝子，对爷爷尚且如此，何况自己的父亲身陷牢狱之灾。他变卖了老婆的陪嫁田一百二十亩，带着家中所有值钱的金银首饰，只身到了杭州，找遍能找的关系，托遍该托的门路，费尽九牛二虎之力，耗尽所带钱财物品，终于保得父亲毛凤彩脱身回家。

毛凤彩回到家后，将临街的两间店面房分给了毛可法，以彰自己"身处患难，独三儿以自己私产济度脱难"之举，更是深深感慨自己一路走来"多才多惹是非，多干多遭嫉妒也"。

此后，毛凤彩终日与山水为友，彻夜以诗赋为伴。后来，他受寿昌知县尹际寅之邀，游览大慈岩后留下了数篇诗作，其中最有名的一首七律，将大慈岩的险、奇、情、景尽载诗中，成了咏叹大慈岩的代表作品。

文名盛于官名的毛际可

毛氏一族在严州遂安是个大家族，家族显赫始于曾祖父毛一瓒，到了毛际可这一代，家族德藻与举业并重，为官与为人兼优，深得当地百姓尊重与爱戴。

毛际可以文章名于当世。相对于祖父和父亲来说，毛际可的仕途是一帆风顺的。他天生悟性极高，读书过目不忘，九岁能写一手好文章。少时的毛际可与方象瑛、方象璜、方象琼、姜如芝、李品玉等人在遂安语石山读书论艺，二十四岁中举人，二十五岁成进士。与诸多同学比起来，在科考成绩上，毛际可都能甩开他们半条街，可谓少年得志。

清顺治十五年（1658）二月，毛际可被选派到河南彰德府任推官。上任当日，当地同僚就大摆筵席为他接风，作风浮夸，毛际可勉强赴宴。待酒席结束，毛际可回驿站休息，几个同僚趁着酒兴，公然调戏诱奸当地卖花女子，将其摧残一夜。次日其母报官，毛际可怒从中来，厉声喝道："一帮不知廉耻的东西！平民如此作为，尚且下狱，你们几个身为官吏，知法犯法，罪加一等！"毛际可下令将这几个府衙人渣重枷伺候，打入大牢。这帮恶吏平时纪律松垮，为所欲为欺压百姓，哪里见过这等阵势，酒也吓醒了，等毛际可将罪行细细罗列成状，呈报刑部，后悔也来不及了，只得老老实实地在狱中度过该受的刑期。这一案，毛际可正风肃纪，一把火烧出了威严，之后还接着平反了百十人的冤狱。从此以后，彰德府官欺民的少了，民犯事的怕了，社会风气得到极大改善。

毛际可耿直的个性得罪了一帮恶吏，终归是不适合官场的。虽然得到民众的拥戴，却也招来京城里某些官员的不满。时隔不久，一纸调令将毛际可从河南彰德府调到陕西的城固县当知县。推官正七品，知县还是正七品，地理位置却是从中原腹地到了大西北的汉中。

　　毛际可初到城固县，经过察访，发现县城北面的五门堰年久失修，已失去了蓄水排涝的功能。五门堰位于县城北面约三十里的许家庙之东，湑水河的西岸，始建于西汉，初为土坝，仅有蓄水之功。元至元年间，县令浦庸改砌石坝，并在石坝底部开凿涵洞五道，每道涵洞各砌引水渠道一条，两条在坝东，三条在坝西，故名五门堰。为了阻挡山石，当地百姓即刳木为槽，撑以垒石，绕山而过，灌溉田地。但木槽耐不得风吹雨打，屡修屡坏。

　　明弘治五年（1492），汉中府推官兼摄城固县篆郝晟发动灌区百姓，用"火烧水激"之法，沿山修了一条深数尺的石渠，架了一条长数丈的渡槽，使五门堰的水畅通无阻，灌溉城固五万多亩粮田。而今，一架渡槽朽烂坍塌，一道石坝从顶塌到脚，五道石渠毁了四道半。仅有的一点积水，也被一些没良心的大户人家霸占着。要想用水，还得付钱租借这些大户人家的水车来抽，百姓付不起租费，只能望水兴叹。

　　针对现存的局面，毛际可先是没收了那些不法大户的水车，收归官衙，并组建了一个由主簿为统领的民田用水维护署，专门负责农田用水事宜。其次带头捐资，充作五门堰石坝和渡槽维修专款。三是发动百姓以工代赈，要想获得县衙救赈，必须参加修复五门堰的劳动。三项政策一出，全县军民齐心协力，只花了两个月的时间，五门堰破损之处全部修复，又恢复了往日拦河蓄水灌溉农田的作用。

　　既然会修堰坝，那就再修城阙，朝廷的调令再次传来，毛际可走马上任河南祥符县令。

　　为了修建好祥符县城，毛际可查阅了祥符的历史资料。祥符今属开封，历史上是繁华之地。战国时期的魏国，又名梁国。五代时期的后梁、后晋、后汉、后周以及北宋和金七个王朝曾先后将此地作为国都，故称"七朝故都"。宏大的城垣分成外城、内城、皇城三部分，具备了"八荒争凑，万国咸通"的大都市格局。青天大老爷包文正，满门忠烈的天波府，图强变法的王安石，以及诸多民族英雄、历史名人的丰功伟绩都与祥符有着密切的关系。

　　毛际可参考了北宋画家张择端的《清明上河图》，结合祥符县的实际情况，大刀阔斧地进行了改造。前店后坊、老庙古殿、庭院楹联，都在改建后突出传统人文特色。再利用因水淹而形成的水坑，修建成湖与塘。历经千辛万苦，整修后的祥符县更具人文灵性，城市格局重放异彩，博得世人称颂。

对毛际可来说，无论是为官彰德府推官、城固县令，还是祥符县令，都兢兢业业，以民为本，清正持法，奉公克己。所做政绩，皆益于社会发展、利于民生，无愧廉吏。

清康熙十七年（1678）正月二十三日，康熙帝谕内阁召试博学鸿儒科，内阁奉谕诏告在京三品以上及科道官员、在外督抚布按各举荐所知博学之士，无论已仕未仕，并定于次年三月统一考试。

诏令一下，各地人才纷纷应征。这一时期的京师文坛异常活跃，大小文人雅集频仍。入京文人与京师名流交相唱和，促进了文学的繁荣发展。而此次应征，更是拓宽了毛际可的交游圈子，使他的文名、声名更著。只是康熙十八年（1679）三月初一，康熙帝于体仁阁试应博学鸿儒，试者一百四十三人，三月二十九日榜发，钦取五十人。毛际可的好友方象瑛、陈维崧、毛奇龄、毛升芳、施闰章、秦松龄、朱彝尊、严绳孙等人皆被选中，独他未能入选。对于有文名且为官有政绩的毛际可来说，这无疑是一次沉重的打击。

再后来，受祥符邑丞诋毁，心灰意冷、志气清高的毛际可拂袖辞官。回到家乡后，诗文创作、游历讲学、督政为民等成为毛际可辞官后的主要生活方式。毛际可一生著述繁多，也曾主修《浙江通志》，后又主纂《严州府志》，其文名盛于官名、盛于画名，他始终把修身、立德当作为文的前提，把风雅淳厚之家风延播子孙。

西湖畅游与送子赴考

清代著名戏曲家李渔有一好朋友叫周云山。清顺治十八年（1661），作为驻守浦江的将军，周云山奉命西征平定叛乱，凯旋而归。当时李渔正在严州府城（今梅城）。

除了浦江满城的百姓高兴迎接将军的凯旋归来，周云山并没有忘记与浦江接壤的严州城内的兄弟情深，于是计划三日后大宴宾客于严州。那一天成了严州城内的盛事，百姓们奔走相告，巨公贤豪、才人墨客会聚一堂，好生热闹。杯酒畅饮之余，李渔向周云山提出，日头偏西，不如同游严州西湖。

夕照余晖将湖面映得金光粼粼，一眼望去小巧清陋，却不失素雅。云山说："不来严州，我只知杭州有西湖。"

李渔说："兄台见笑，杭州有的，严州也有。"

云山说："那杭州还有南北二峰。"

李渔说："巧了，严州也有南北二峰。"

云山说："杭州西湖美如画。"

李渔说："严州西湖妙如诗。"

酒酣耳热之后的李渔和周云山，你一句我一言地比对着杭州与严州，畅谈诗画美景，不时哈哈大笑，引来不少严州百姓围观。

小舟绕了湖中心宝华洲三圈之后，两人登岸而行，闲情踱步之余，宝华洲无可小憩的亭台，随行中有人摘了水边红蓼，李渔和周云山索性又折回小舟，玩起了击鼓传花以助兴，爽朗的笑声一阵高过一阵。岸边围观的百姓此时已是熙熙攘攘，一时之间，云山将军一行游西湖的盛事传遍大街小巷。

第二天，李渔将前日与云山将军的对话，以及同游西湖的情景都记入《严陵西湖记》。而周云山将回浦江继续执行要务，两人在严州三江口就此作别。送别之际，李渔再次为周云山写下一首《送周参戎云山之浦阳》：

儒将从来重，君侯雅绝伦。

三迁无喜色，百战有完身。

灰里求遗史，刀边活故人。

仙华名胜地，细柳正堪屯。

诗中饱含了对周云山的赞美与祝福。此时，李渔已年过半百，仍未停止四处游历。心知再见云山将军已不知是何年，相逢的欢欣和相别的留恋尽在不言中。

没多久，李渔开始向大西北方向游历。

在李渔七十年的人生岁月中，有近三十年是客居他乡，以文会友，故也留下大量的旅游文学作品。兜兜转转，再到严州时，李渔已是六十五岁。

清康熙十四年（1675），李渔定居在江宁，他的两个儿子将舒和将开，分别是十六岁和十五岁。这年夏天，李渔想到自己一生科场功名之路因为战乱一断再断，心中有太多冤屈和不平，如今两个儿子已经到了可以应童子试的年龄，再不能让儿子走自己怀才不遇、卖文为生的老路。于是，李渔决定，即刻送两个儿子回浙江参加应举考试，并因此移家到杭州。

这一年，中国南方较乱，西南有平西王吴三桂谋反，南方有广西将军孙延龄反、靖南王耿精忠反，东南面有郑成功的儿子郑经攻入福建漳州，浙东一带匪患严重，时局不定。而当时李渔的家乡金华也是为匪所乱，不能举行童子试，只好改在了政局相对稳定一点的严州举行。

李渔一路对儿子谆谆教导，并拿自己一生清贫颠沛的例子以及别人应试中举之后的仕途写照、知识与功名可以改变命运的道理来告诉儿子。

李渔这一次送两个儿子回严州应试，沿途写下《严陵纪事》系列诗八首。在第八首中毫不掩饰地剖析了自己内心的世界，甚至把自己卑微的一生和高风亮节的严子陵也做了对比。强烈的自责之心和对儿子的恳切教育，纷纷打动了应试路上的严州百姓，也有学子听闻李渔学识渊博而慕名请教，李渔惜才，概不拒绝。

历来对李渔的为人评论毁誉参半，但是从送子赴考的励志故事来看，李渔尽到了一个父亲的责任，此事成为严州城内的一桩美谈。

为风雅正宗

方象瑛，严州遂安人。方象瑛的爷爷方逢年，是明朝的大官。所以，方家在遂安县城地位显赫、家业有成，方家大院处在狮城的中心地带。

方象瑛的爷爷是明万历四十四年（1616）的进士，官至礼部尚书兼东阁大学士。政局动乱，清兵入关，他作为前朝旧臣，以拥戴鲁王朱以海监国，来抵抗清王朝。朱以海告败，为了留得青山在，他不得不投靠清王朝作为权宜之计。后来跟随清军从浙江到福建时，因暗中联系福建的抗清人士，而被杀害。

爷爷死的那年，方象瑛才十四岁。他不明白什么叫"反清复明"，但他知道爷爷是个有气节的人。

方象瑛的出生，让方家又看到了希望。方象瑛虽然体质瘦弱，但天资聪颖，九岁能写文章，十二岁学诗歌，十三岁便能作出《远山净赋》，老师教的一学便会、一点就通，用现在的话说就是神童，天赋极高，是通往功名路上的准学霸。

清康熙六年（1667），方象瑛三十出头，考中进士，从此迈入仕途。

康熙十六年（1677），方象瑛在京师候补中书舍人，其间接到严沆的邀请函，一时文人名士齐聚严府。严沆对方象瑛所表现出来的尊重和挚爱，让当时座客无不惊叹。严沆何许人也，何以要"降阶执手"对待一个后生？

严沆，浙江余杭人，官至户部侍郎。严沆在朝为官，威望极高。他既有长者之风，又有仁者之爱，喜交游，看重仁义，也因极为惜才爱才，而受人爱戴。许多从京城回到故乡的江南士人，谈论京师名士，都对严沆赞不绝口。

方象瑛与严沆虽未谋面，但心中仰慕已久，此番受到严沆如此礼遇，心存感激是情理之中。不独如此，严沆对方象瑛还有知遇之恩，次年，他荐举方象瑛应博学鸿词科试。

整个清朝一共就进行过两次这样的考试。不论已仕未仕，康熙亲试录用。

严沆说，我认识的人里面，才学没有超过方象瑛、叶舒崇两人的。他对方象瑛的人品和才学赞赏有加，把方象瑛放在荐举名单的首位。方象瑛果然没有让严沆失望，在康熙十八年（1679）博学鸿词科试中，位列五十鸿儒之一，授翰林院编修，入史馆编修《明史》。

冯溥也是方象瑛的恩师，不但帮助他拓宽仕途人脉，甚至影响他后来的诗文创作。冯溥，文华殿大学士，加太子少傅。他与严沆一样爱才惜才，经常在家中的"万柳堂"召集名士吟诗作赋。

康熙十八年冬，冯溥招方象瑛等人于寓宅饮酒。冯溥欣赏方象瑛的才学，他请毛奇龄为其编写年谱，特嘱方象瑛为年谱作序。冯溥也曾为方象瑛《秋琴阁诗钞》作序，对方象瑛做了高度评价。

方象瑛的至交好友叫毛际可，两人是老乡也是同学，也同为进士，方象瑛比毛际可大一岁。顺治、康熙年间，遂安学子多次在语石山雅集，方象瑛、毛际可是语石雅集的核心人物。

方象瑛知道毛际可有个女儿叫毛孟，觉得两家门当户对，便向毛际可提亲，但对儿子方引祀的身体状况有所隐瞒。方引祀从小体弱多病，不耐劳。毛际可对这个"快婿"的病情并不太知情，成婚时，方引祀十九岁，毛孟十七岁。

同年五月，方象瑛妻子吴氏病故，方象瑛忍着悲痛，写了一封信给毛际可，让他不要把此噩耗告诉儿子。而方引祀自小体弱多病，对母亲的感情特别深，以往父亲来信都详述母亲病情，现在只说"如前"，猜测是故意要宽他的心。于是，他每天忧思不食，身体也越发消沉，不久病故。

方象瑛四十八岁这一年，丧妻又丧子，心中悲苦可想而知。他二十一岁失去了母亲，三十九岁痛失父亲。据方象瑛《先府君行述》记载，父亲去世那晚，他在福建建宁的客舍，半夜忽然跳起来狂呼乱叫，烦闷异常。同舍人都惊醒过来，怔怔看着他不敢过问。方象瑛自己也觉得不可思议，仿佛心灵感应一般。

第二天，方象瑛鞭马驰归，连续奔走七昼夜，行程一千两百余里到家，他一头拜倒在父亲的灵柩前，不能自已。平时身体无恙的父亲，就这样毫无征兆地走了。

连续遭受失去亲人的打击，也最是消磨人的意志。上有父母高堂、下有儿孙满堂的天伦之乐，方象瑛无福享受。他穷愁抑郁，只能寄情于诗文。

毛际可是最了解方象瑛的人，客寓杭城后，毛际可明显感觉到方象瑛诗文风格的变化。他说方象瑛诗文有三个明显的阶段：少时华丽有余而蕴藉不足；康熙时期避乱杭城，敛华就实；入史馆修《明史》时，文风"扬厉敷陈""博大雄奇"。

毛先舒特别推崇方象瑛的小品，说其文"隽逸远神，沉练，不以靡词华色为好"。沈珩则评说方象瑛文字"简与洁之至"。方象瑛寄情文字，一方面靠自己勤读书、广交游，拓宽了诗文创作的题材；另一方面，家庭屡遭变故，命途多舛，对人生有了更深的体悟，变化了气质，剔除了繁缛，是洗尽铅华后的简洁。

康熙二十四年（1685），方象瑛辞官归家，闭门著述，不与世争，整理了《健松斋集》二十四卷、《健松斋续集》十卷。方象瑛在书画方面也是颇有建树，他对詹仪之家藏的墨宝也有过鉴赏与点评，其《詹氏家藏考亭南轩两先生真迹记》，就是在瀛山书院詹家观赏了朱熹、张栻与詹仪之往来的书信真迹后的感想。他说朱熹的字端然如君子，不容易让人亲近；张栻的字则秀润自然，不刻意追求新奇。他们虽然不像钟王颜柳那样以书法名世，但数百年后人们看了他们的字，如同看到他们的人，心中感慕不已，原因就是"道之所存也"。

康熙四十一年（1702），方象瑛自觉大限将至，来日无多，他给自己写了《七十自序》一文，回顾自己一生，字里行间有了悟生死后的从容与淡定。

世事皆有定数，果然不出所料，方象瑛逝世时享年七十一岁。

吴家孝子感天下

高垣村是距离严州府城较远的一个乡村，有着数百年的历史。村中山青水清、环境幽静，邻里之间也是和美团结。孝文化，是这个村数百年的文明乡风。

高垣村全村两千五百人，其中七百多人是吴氏，他们都是吴铭三的后代。元末，因战乱频繁，吴铭三从义乌迁居建德县西陇。高垣村也成了建德吴姓主要聚居地之一。

清朝康熙年间，高垣村有个秀才叫吴文迈，长得聪慧又憨厚。吴文迈生于清康熙三十年（1691），六岁入私塾读书。十三岁时，父亲生病去世，吴文迈与母亲相依为命。

二十岁那年，吴文迈在三年一次的乡试中中了举人，他兴高采烈地回来，本想第一时间告诉母亲，自己一定再努力一把，参加下一次的会试，争取进士及第，光宗耀祖。可是到家一看，赶考半月不见，母亲身体越发虚弱，连站立的力气都没有了。

吴文迈十分自责这么多时日不在母亲身边，让母亲受了苦。为了照顾常年生病的母亲，吴文迈意识到孝道和生存才是当下最重要的。于是，他放下书本，料理家中生活，洗衣、做饭、干农活等等，也开始带着母亲，四处求医问药。每次在家里煎完药，吴文迈都要自己先尝尝烫不烫，等感觉差不多了，才喂给母亲喝。

母亲一病就病了二十年，以致后来生活完全不能自理。吴文迈早已不存考取功名的梦想，他心里明白，比起功名，母亲更需要他。就这样，吴文迈二十年如一日地照顾母亲，年过四十的他依然一刻不离地日夜守护在母亲的病床前。

母亲走得很安详。母亲去世后，吴文迈又在母亲的坟墓旁盖了一间茅棚，身着孝衣，守孝三年。三年间，吴文迈在茅棚里除了陪地下的母亲说说话，就是看书，每天蓬头垢面也不打理，更不惧山中虎患。三年后，守孝完成，吴文迈才回归家中，过起了正常生活。

其实，早在吴文迈之前，清康熙六年（1667），高垣村就已出过一位孝子，他的名字叫吴文朴。

吴文朴也是六岁入私塾，从小失去父亲，独自一人侍奉母亲。母亲去世后，他又主动承担起照料年老多病的伯母，时间长达十年，同时照料婶婶五年，直至把两位长辈都送上山为止。

两位孝子的行为，感染了整个高垣村的子民。村里每户有娃的家庭，长辈们都会教育他们，要向吴文迈、吴文朴学习，百善孝为先，家风代代传。

一百多年后，也就是清朝咸丰年间，朝廷在全国范围内推举有孝心的人进行表彰，目的是让孝道在全国发扬光大。高垣村就把村里的这两位孝子的事迹一同上报，朝庭很快就批准为这两位孝子各立孝子坊一座。

两座孝子坊一前一后立在村口的路上，吴文迈的孝子坊在前，吴文朴的孝子坊在后。20 世纪中叶，孝子坊被毁了一座，现在只剩一座孝子坊还挺立在村口的道路上，与吴氏宗祠并立在一起。

孝子坊是用茶园青石构建，四柱三间五楼。坊上雕刻精美，有龙凤、花卉、飞禽、瑞兽等。上层横枋正面刻"乾隆辛酉科举人吴文迈"，背面刻"钦旌孝子"四字。再上是石匾，上刻"荣恩"两字和"孝子坊"三个大字。整个牌坊古色古香，庄重大气。

每一座牌坊都是一部立体的史书。孝子坊表彰的是古代的两孝，而今，孝道早已在高垣村深深地扎下了根，乡民们一遍又一遍地讲述祖先的故事，将祖先的训导代代相传。

赤脚知府王光鼎

王光鼎是严州历代知府中比较特别的一个。从前府城的东门街，有一处庙体建筑，叫王公祠，供奉的就是知府大人王光鼎。

王光鼎，奉天（今辽宁）人，清康熙三十五年（1696）任严州知府。

仇兆鳌《王公祠记》中说，王光鼎自"下车之日，励精勤政。劝民植茶于山，垦荒土之不耕者，以广兴地利"。

王光鼎是个憨直仁厚的老黄牛式的知府，他关心民间疾苦，为民谋利，事事都是亲力亲为。田埂深巷，城垣山头，每天不知疲倦地奔走东西。视察农田灌溉时，为了下田埂方便，王光鼎索性一路赤脚察访。在察访农户家中，看见贫困的百姓，都忍不住会把自己的口粮拿出来救济人家，王光鼎自己家的日子反而过得十分拮据。

清康熙三十六年（1697），严州大旱，王光鼎心急如焚，他冒着酷暑上乌龙山祷天求雨，却因中暑致病，一病不起。史载，在王光鼎生病期间，他劳心劳神念叨的事全是与工作有关，府里的工作如何接办，未尽事宜如何继续开展，王光鼎交代得清清楚楚、明明白白，竟没有一句是提及家中妻儿需要照顾之类的话语。民国《建德县志》有记，王光鼎病危之日，"合城士民齐赴城隍祠请祷，均愿以身代"，全城的官员百姓齐聚城隍庙，为王大人祈祷安康，大家都愿意分担王大人生病的痛楚。百姓们蜂拥蚁聚，庙前的石栏也为之坍倒。

民间传说，王光鼎原本是不会死的。他登山中暑，病倒在床，却有人造谣中伤，说他并未上山求雨，肚子痛其实是装出来的。他们还四处散布谣言说，除非王光鼎敢喝下生桐油，才能证明他是真的病了。据说生桐油能解中暑之症，但如果不是真的中暑，喝下桐油即会上吐下泻，有生命之忧。为了表明心迹，气不过的王光鼎真的喝了生桐油，结果加剧了病情，在痛楚中煎熬。

王光鼎终究还是没有逃过病魔，与世长辞。"三日之内，城野皆麻衣临赴"，"郡城罢市，巷哭者三日"，号恸之声，闻于四野。

王光鼎死后，严州百姓为他建立祠堂。祠堂有两座，一座在府城东门街，一座在府城外东六十里的梓洲白云洞。俞樾《春在堂随笔》对王公祠有记载："祠中县王公像，首则朝冠，足则草履，其祷雨时如此也。"这样头戴朝冠却赤脚的官员塑像，恐怕海内也不多见。

一个知府上任不过一年，却能获得全城老百姓如此真心的爱戴，这是有原因的。清朝康熙年间，乾坤初定，江南饱受战争之苦，人民祈盼休养生息，过上和平的日子。而这时来了一个时时刻刻关心人民疾苦、躬身力行的好官，老百姓的感恩之情显而易见。

王光鼎以东北人的质朴敦厚，为民谋事，但却遭人暗算，以致病卒。群众的眼睛是雪亮的，人们敬他爱民如子，痛惜他性格秉直，更愤恨那些奸猾刁吏，大家纷纷赶到城隍庙去为王光鼎祈祷。

王光鼎死后，口袋空空如洗，连运灵柩回老家的费用也没有，全靠百姓们自发捐助。史载"各输钱助丧而归。壶浆箪食之祭，相望于道百余里不绝"。

康熙年间，是清王朝从入关到稳固的重要时期。经过明末的战乱，百业凋敝，民不聊生，人民亟盼安定，这是一个呼唤能臣廉吏的时代，著名清官于成龙就是这一时期的代表。而地方文献中只提到王光鼎是奉天人，在任严州知府之前，曾在云南石屏任过知府，再以前的事迹并不清楚，所以并没有进入《清史》。但是，著名学者仇兆鳌却被王光鼎的事迹所感动，为之写下了一篇动人的《王公祠记》。

仇兆鳌在记文中提出了一个十分重要而尖锐的命题，即地方官的好坏对于国家稳固的重大意义："二千石乃为亲民之官，贤则民受其福，否则民被其祸。"这是一个古老而又历久弥新的命题，是每一代执政者都必须回答并加以解决的问题。县绅张允美也有记录王光鼎，"生也为民而切其勤劳，亡也亦为民而丧其躯命"。低调又实干的王光鼎为严郡百姓所怀念，并非偶然。

卒于任上的王光鼎，死后被追封为昭应伯，故祭祀的庙宇应为昭应庙，王公祠乃是民间的称呼。王公祠一直到新中国成立初期都还在，后来什么时候被摧毁，百姓们也已不记得了。

啼笑皆非方才子

俗话说"满招损，谦受益"，还说"水满无声，半桶水晃荡"，意思是当一个人过于自信的时候，也许是"半桶水"在作怪。自信是好事，但过于自信，总会事与愿违，因为很难预料事情会以怎样的方式发展和收场。三百多年前，古严州就出现过这样一个过于自信的人，至今让人啼笑皆非。

清康熙四十一年（1702）八月，三年一度的科考到了。杭州城里比以往热闹了许多，全省的士子才俊都来了，车水马龙，人流喧杂，见到长得几分考生模样的人，不管认不认识，都会相互抱拳问好。

紧临城东南贡院的青云街上出现了一道奇异风景，一个三十岁上下、考生模样的人，手提一盏火红夺目的灯笼，灯笼上写着"新科解元方"的字样，大摇大摆从闹市走过，引得路边行走的考生纷纷驻足目视，并议论起来："莫非这个人背景了得，解元已非他莫属？"

贡院里的议论更是此起彼伏，都说是一个严州淳安籍的考生，名叫方楘如，不知道哪里来的自信，说自己必摘取今科解元，连灯笼都已预先定制好了。消息很快传到主考官的耳朵里，主考官听得一脸阴沉，拍案惊起，说道："真是岂有此理！尚未开考，连老夫都不知道今科解元是谁，他倒是知道了。这般傲气的秀才，不知沉敛，取他何用！"

放榜之日，这个叫方楘如的考生果然名落孙山。方楘如考得如何已不重要，重要的是主考官有意要杀杀他的狂妄锐气，找一个借口不予录取，以示训诫。

这个自幼被家乡人称为神童的方楘如，在红榜前傻了眼，他已经设想了千万遍科考结束的场景，唯独没有想到的是落榜。

方楘如，严州淳安县赋溪人。自幼早慧，天赋极高，从小就被唤为神童，加上少年时受业于萧山"西河先生"毛奇龄，更是在"名师出高徒"的光环下沾沾自喜了一些年月。

有了贡院科考的教训，回家后的方楘如，性情收敛了许多。当时社会的主流意识依然是"学而优则仕"，方楘如知道除了读书，似乎别无出路。唯有通过科举考试，为自己谋个一官半职，一旦平步青云，既可以济世安民，又可光宗耀祖。此后的三年中，他角逐科场，赛试经纶的志向没有一丝懈怠，依然昼夜攻读。

终于到了清康熙四十四年（1705）八月，方楘如苦等了三年，总算重新迎来了这场久违的乡试。

乡试一共考三场，八月初九是第一场，十二日是第二场，十五日考第三场。按数额录取的为正榜，数额之外录取的为副榜，正榜第一名称解元，第二名称亚元，第三、四、五名称经魁。全省参加乡试的士子有一万多人，而录取的总数才八十人上下，僧多粥少，竞争十分激烈。中试的举人原则上就是获得了选官的资格，次年可参加在京师举行的会试。

这一次考试，方楘如有了明显稳定的状态。他走进贡院，过"天开文运"牌坊，入正门。点名领卷入场，依例搜检衣服器具，以防夹带作弊工具。待考生按号就位，随即关闭栅栏落锁。但听三声炮响过后，贡院大门、龙门同时由监考官加封上锁，考试才算正式开始。

考生一个个施展平生所学，笔洒花飞，墨醋云润。三场考毕，方楘如信心满满地走出贡院。"安心等放榜吧！"他这样宽慰自己。

到了九月初五，丹桂飘香。贡院外早已人头攒动，上万名考生挨挨挤挤，争先恐后地一睹"龙虎榜"为快。"恭喜，恭喜！中了！"方楘如人未到贡院，已有同学、同乡纷纷向他报喜来了。

挤进人群，查找自己的名字，果然高中浙江乡试"龙虎榜"第二名，人称亚元。方楘如丝毫不敢放松，即刻投入下一场考试准备中。

清康熙四十五年（1706），会试在京城如期举行，大约六千余人参加会试。方楘如三场又一一过关，就安心等着殿试了。

殿试由皇帝亲自主持，皇帝对会试录取的贡士亲自策问，以评定甲第。凡黄榜上有名者，一律称为"进士"。进士既是科举的终点，又是仕途的起点。

黄榜放出，方楘如又如愿考中进士。方楘如终于松了一口气。这一年，一路过关斩将，三年前的那场落榜阴影，这个时候才真正地在方桼如的心里放下。

清康熙五十三年（1714）六月，方桼如出任河北丰润知县。却没想到方桼如当了三年的丰润知县，最终却以"烧锅失察"而丢了官。

烧锅即酿酒。康熙初年，北方烧酒产量增加很快，烧锅遍及多省，康熙帝为了节约粮食，培育国力，屡次下令"严禁烧锅"，目的就是控制烧酒的生产规模。可上面三令五申"严禁烧锅"，下面却屡禁屡犯。康熙帝为了以儆效尤，不得不对失察的地方官予以重处。

清康熙五十四年（1715）二月，方桼如上任的第二年，康熙特召直隶巡抚赵弘燮，强调严禁烧锅。赵弘燮奉旨查禁，抓获违禁烧锅者十九人，予以重处。

方桼如是清康熙五十六年（1717）七月丢的官。方桼如作为丰润县的父母官没有吃透"圣意"，对烧锅一事依然睁只眼，闭只眼，用现在的话说就是少了那么一点点的政治敏锐性。这一年，方桼如四十五岁。

方桼如"烧锅失察"后回乡，从此开启了另一段人生。方桼如擅长古文，学问根底深厚，讲学论文，教书育人，对他来说是件驾轻就熟的事。方桼如的足迹踏遍了敷文书院、蕺山书院、紫阳书院，忙得不亦乐乎。

人生就是这么富有戏剧性，官场上免了一个丰润知县，在中国的文学史上却多了一个古文学家。

清乾隆二十三年（1758）的春天，方桼如卧病在床。弥留之际，门下弟子有两人在相聊，其中一个弟子正苦于对不出"水如碧玉山如黛"的下联。方桼如在枕上听到，低声对弟子道："可对'云想衣裳花想容'。"说完，气绝而逝，享年八十六岁。

方桼如一定想不到，他去世前用尽气力吐出的这七个字，成了当时的楹联妙对，流芳百世。世人开始称他为"联痴"。

青柯亭里遇知音

青柯亭是原严州府衙后院的一座六柱小亭，飞檐翘角，玲珑雅致。两棵老树金银双桂，就长在青柯亭边，已有数百年的树龄。亭匾"青柯亭"三字为已故山东籍著名学者、国家图书馆原馆长任继愈的墨迹。亭联"桂馆秋香青柯传世，梅城春丽志异留仙"则是浙江省诗词与楹联学会原名誉会长戴盟的手笔。

青柯亭如此瞩目，以至让国内许多考古大家、文人墨客纷纷慕名而来，皆是因为它是名著《聊斋志异》的第一个刻本，即青柯亭本的刊刻地。《聊斋志异》，几乎人人都知道那是一本谈狐说鬼的书，书中一个个奇异凄美又不乏现实隐喻的孤愤故事，伴随着一代又一代的人成长。可是，许多人并不知道，这样一部有着非常高的艺术成就、堪称中国古代文言短篇小说巅峰之作的《聊斋志异》，在蒲松龄逝世后的五十年里，仅以手抄的形式低效传播，也曾一度因为卷帙繁多，散落民间而不能完整集合。

《聊斋志异》初刻本的出现，得从官员赵起杲说起。赵起杲和蒲松龄一样，都是山东人。蒲松龄写出《聊斋志异》后，因家境贫寒，无力刊印。去世后，他的长孙蒲立德多方谋求官方和私家的资助，也未能如愿。直到蒲松龄过世的三十年后，他的山东老乡赵起杲收到了朋友送的两册《聊斋志异》手抄本。赵起杲如获至宝，每天翻看，并开始广泛收集《聊斋志异》的各种书稿。因为喜爱至深，手抄本在掌心日趋泛旧，赵起杲开始萌生出版刊印的意愿。

清乾隆三十年（1765），赵起杲调任严州知府，此时他已将多部《聊斋志异》的手抄本收集在一起相互校对，基本形成了一套较为完整的《聊斋志异》。而严州自古就有刻书的传统，两宋时，浙江是全国刻书中心之一，至宋室南渡后，严州作为"畿辅之地"，又有丰富的造纸原料，就顺理成章地成为浙江刻书的重要地区，一些刻本中也有"严州本"之说。故赵起杲决定

在严州任上，将《聊斋志异》刻印出来。

当时，木雕制版成书费时费力、耗资巨大，赵起杲动用自己的全部薪水，到后期甚至靠典当部分家产来筹集资金，可以说是倾其所有、历经磨难，才使这部《聊斋志异》得以顺利刻印。清乾隆三十一年（1766）五月初五，《聊斋志异》十二卷本在严州青柯亭内刻成问世。这一天，赵起杲喜极而泣，情不自禁。他在青柯亭内，举杯隔空喊话蒲松龄："聊斋已刊印，柳泉先生可还有憾？"此情此景，蒲松龄若泉下有知，也定是热泪盈眶。

正当赵起杲准备继续筹集资金一鼓作气刻印余下的四卷《聊斋志异》时，逢上府考，各地考生陆续来城里，严州城内每天热闹非凡。赵起杲放下刻印之事，开始张罗府考事务。五月十八日下午，三声钟响，等候在门前的考生进入考房，坐在明厅中的主考官赵起杲见时辰已到，下令关门落锁，布题考试。谁知不到一刻钟，正襟危坐的赵起杲忽然向前扑去，头一歪，倒在案几上睡去。随同的工作人员大声疾呼，赵起杲却再无声息。

《聊斋志异》刻本将全成之际，赵起杲终因操劳过度，心力交瘁，猝死在校士馆中，这一年，他五十二岁。赵起杲去世之后，《聊斋志异》余下四卷由其四弟赵皋亭及好友鲍廷博刻印完成。因书在府衙后面的青柯亭边刊校刻印，当年的赵起杲和编辑勘校人员也常聚于亭中讨论稿本，所以完成的刻本被命名为"青柯亭本"。

青柯亭本《聊斋志异》对后世的影响甚为巨大，其后相继出现的版本，大都以青柯亭本为祖本、母本翻制刻印。今天的《聊斋志异》越有名，也让严州的青柯亭越有文化上的光华。

因为刻书花光了积蓄，赵起杲去世后，家属无力将灵柩运回故乡山东，只得将其安葬于严州城的澄清门外。这位为中华文化传承殚精竭虑的父母官赵起杲，从此就长眠于新安江畔。

古严州城里多少高宅大院、名胜古迹都在历史的年轮中被风吹雨打，无迹可寻，唯独这小小的青柯亭，依然屹立不倒，它见证了赵起杲与蒲松龄的隔空对话。纵使世间百般好，只恨人生无知音，多少人还在空对江山叹古今时，蒲松龄却在青柯亭里遇上了知音赵起杲。这也是泰山之麓和钱江之滨两个著名的文化之邦之间一段珍贵的文化传奇。

《唐诗三百首》注本第一人

　　家喻户晓的《唐诗三百首》是成书于清朝乾隆年间的普及读物。"熟读唐诗三百首，不会作诗也会吟"，这句"广告词"从清朝一直流传到今天，可算是影响深远。但很少有人知道《唐诗三百首》的注疏本第一人，却是严州建德三河人——章燮。

　　章燮从小喜欢吟咏，作诗有唐人气质，每天以教书为乐，听他讲课如沐春风，生动灵趣。

　　《唐诗三百首》是蘅塘退士孙洙所编，是初学唐诗者一本很好的入门书。孙洙于清乾隆二十八年（1763）选编《唐诗三百首》时基本未加注释，故初学者对诗中的许多典故和名物一时之间难以明了。

　　因为教书，为了解决教材问题，章燮就开始在教课之余，注疏孙洙所编的《唐诗三百首》。在原有注解旁批之外，广征博引，源流分明，兼及诸家诗话，内容相当周全。且能注意辞义贯串，深入浅出，繁简精当，堪称唐诗注本中最详尽、最严谨的版本。

　　《唐诗三百首》章燮注疏本自清道光十四年（1834）刊印以来，广为流传，遍及全国，也得到了后世很高的评价。章燮是第一个为《唐诗三百首》作注的人，比后来陈婉俊女史的《唐诗三百首补注》早了九年。

　　陈婉俊的注本评价也颇高，学者姚莹就在陈注本的序中说："自古注书，得之闺阁者恒鲜，而精当尤难。兹所补注，倩梓人传之，亦一时佳话也。"

　　四藤吟社刊本序中也有这样的评语："上元陈伯英女史，手辑补注八卷，字梳句栉、考核精严，能令读者不假祭獭而从获食跖。津逮初学，功匪浅鲜。"而章注本与陈注本相比，要详尽完善得多。陈注本大量的是在语词、典故上作解释，字意、诗意只是在句中零星地添上几笔，远不如章燮注本有学术性与可读性。

章燮除了《唐诗三百首注疏》外，尚著有《古唐诗精选注》《诗话合选》《高林别墅诗集》《针灸揭要》等，可惜均已散佚。

章燮的故事很多，尤其关于酷爱读书方面。章燮自小勤勉好学，有个堂兄叫章庑，两人关系很好，每天一起学习和玩耍。章庑特别喜欢到西乡桐山后金的外婆家玩，章燮也跟着一起前往。

章庑表哥金正，是金仁山十四代裔孙，金正先祖金仁山乃皇宋大儒，南宋理学大师，是继朱熹之后钻研道学的"浙东学派"领袖之一。有这样的渊源家学，金正少不了书香浸染，人也长得儒雅好古，一身书卷气。章燮在金正家玩时，跟着章庑一起唤他为"表哥"。

好学的章燮，为了亲近金正，干脆在金村认金正为干爹，再来金村就师出有名了，他成了金村一位不入籍的"秀才"。在金正的教导下，章燮饱读诗书，日趋长进。慢慢地，金正开始觉得自个儿不能进举，收授学生会让学生沾染晦气，影响科举前途，误人子弟。就算是认了干儿子的章燮，他也执意不教，除非章燮先拜他人为师，学有小成，之后再一起切磋学艺，如此他才安心。不得已，章燮到离干爹村三里外的新叶村去拜叶士林为师。

却没想到，叶士林是乡间"唐宋派"的文学代表，吟必唐诗，诵必韵文。这一段师生经历，与章燮后来"工吟咏，诗有唐人气派"的气质的养成是密不可分的。

章燮玩唐诗入味后，就不再歇手。与干爹、干兄交流切磋，学习研究祖先金仁山《周易》义理心得，竟为作诗时借象，来服务立意。研究《论孟集注考证》《通鉴前编》等注疏书籍，也为研究唐诗打底，就是平日即物抒怀，也总模仿王摩诘、李太白、杜少陵等作品来写，深浅不论，闲忧不避……这些，都为他后来给蘅塘退士孙洙所编《唐诗三百首》作注疏奠定基础，使注疏在原有注解面上更翔实、更周备。

平日里，章燮教书、写作，吟诗已是习以为常。看到一本著作，就会想深究其中学问。同样，撰写闲杂文章，最终都是为了印证唐诗中的意境、义理。碰上疑惑，他必定会跑到桐山后金及新叶两处求教及探究根源。章燮一门心思研究、阐述学问，常常在悠游乡村名胜，探幽觅古中，为寻找新的学识，孜孜不倦。他的好学，已经到了如痴如醉的地步。

坊间相传章燮痴迷唐诗的程度，竟到了要从山泉村去迎来明代兵部侍郎、绝句高手唐龙血缘的裔孙做自己孙媳的地步。这些故事细节，在正史中没有记载，大都是流传于他曾经游历的那些村坊间。

章燮的青年时代正逢清王朝盛世已尽，社会危机四伏，尤其是官场的黑暗让他无意仕途。好在他十分注重培养人才，在家设馆授徒。因为学问高超，教学得法，听他讲课是很愉悦的一件事，也因此他的学生遍及周边乡野。

章燮因教学而有了盈余的积蓄，于清嘉庆三年（1798）仲冬月，在章家村造起了大房。房屋坐北朝南，为清代典型的徽派建筑，整座古宅大木构架的木雕装饰和小木装饰都十分精致。

关于章燮造房子的资金来源，民间还有另一版本。传闻元明之际，辅佐朱元璋的刘伯温曾带兵路过三河章家村。今天兰江大洋段的江岸，一块巨大的岩壁上有摩崖石刻"石壁"二字，据说就是刘伯温的手迹。坊间都说，刘伯温在章家村秘密埋藏了一些财宝，后被章燮意外获得。

直到今天，章燮故居依然还在。对于章燮当年怎样建起大房子，这个问题已不重要。重要的是，章家老宅凝结着历史的一脉幽香，将连同章燮的文字，在时间的流逝中熠熠生辉……

独有悠然处

古代封建礼教历来提倡"女子无才便是德"，尤其是清代。可清代中叶还是出现了像袁枚、陈文述这样的大文人、大学者提倡女子学习诗词，并广泛招收女弟子，支持她们开展结社赋诗的社会活动。

袁枚是清代乾隆年间进士，少负才名，古文骈体自成一格，晚年建园于江宁小仓山下，世称"随园老人"。在《随园女弟子诗选》中，袁枚有姓名可考的女弟子就有二十七人。仅杭州一地至少十六人，其中有大名鼎鼎的《再生缘》作者陈端生的妹妹陈长生。

游历过新安江的袁枚可能想不到，在新安江畔的严州遂安姜家深山里，也藏了一个女诗人，与陈长生年龄相仿。可惜这个姜家女诗人没有遇见袁枚。

她叫姜承宜，字羽和，自号西瀛女史，出生于清代乾隆年间一个开明的诗书之家。在男尊女卑的年代，女子鲜有读书的机会，但是地处浙西山野，这个文风熏染的遂安姜家村，村规中竟然写有"男女生七年教之"。

姜家的女子，在读书上与男子平起平坐。这样的村规，在两百多年前的清代乾隆年间，实在罕见。所以，姜承宜是幸运的。

家里的长辈们允许姜承宜和弟弟姜承藻一起上学，去往村里的奋庸轩，随堂伯姜雅周习儒学文、典籍、理易、歌赋、散文，几乎样样都有涉猎。几年寒窗，姜承宜并不觉得辛苦，读书之乐趣，如同月光照亮暗夜。相比四书五经，姜承宜更爱诗词歌赋。她熟读一个个前代才女的诗作，蔡文姬、班昭、鱼玄机、薛涛、李清照、朱淑真……她希望自己也能写出她们那样的诗句。

姜氏是村里的名门望族，勤耕尚读，家风优良。姜氏宗祠嘉会堂前的小广场，由青石板铺就，广场前有林立的旗杆礅，都代表着家族里男子功名的荣耀。

姜承宜的曾祖姜联元举人出身，后在家中设馆授徒，姜氏一族文脉连绵，皆出于他的功劳。父亲姜禾，拔贡生，曾候选直隶州知州，制艺诗赋，也是十分了得。宗祠里曾悬有赞他的"太学储英"匾额。据说，当年詹铨吉把女儿嫁给他，就是因为他的才华。姜禾也特别善于提携后进，有学生一百三十多人，遍布严州、徽州、衢州等各州县。

同为进士的堂祖父姜士仑和外祖父詹铨吉能来讲学，姜承宜和弟弟从中得益良多。而姜承宜的母亲詹氏同样出自遂安望族，恪守闺范，恭奉翁姑，体恤邻里，被乡人尊称为"女中师"。

姜承宜自幼受父母熏陶极深。那时代，像姜承宜这样的才女是不多的，当地县志对她就有"幼工诗文"的评语。一次，她随父亲到杭州赏游灵隐寺，游玩中一首《灵隐禅云》脱口而出："老僧坐处云满窗，老僧卧处云满房。云去云来僧自在，还是云闲是僧闲？"通俗易懂的诗句，又蕴含行云流水般的禅意，很难想象竟出自一个七八岁的女孩之口。当时，杭州官员彭启丰赞赏不已，惊叹："奇女也，清照再世！"

姜承宜不是李清照，但是她和李清照一样嫁了自己喜欢的人。姜承宜嫁给了遂安二都洋源村诸生余祖念。婚后，他们夫唱妇随，一边自持家务，躬耕陇亩，一边在洋源设"漱玉轩"开馆训蒙，一时传为伉俪佳偶。他们读书、赋诗、课蒙，真可谓"笔趣盈笺金凤翥，墨香浮砚彩云生"。

当时，遂安远近，常有文人墨客来访，与姜承宜夫妇切磋唱酬，他们家常常门庭若市。也常有请姜承宜作诗、词、赋、传和寿序等的。现在，遂安各姓氏家族的族谱里，常常能见到姜承宜执笔的各类艺文等。作为封建时期的一个女性，这是极为少见，也难能可贵的，以此可推测当时人们对她推崇备至。

姜承宜在洋源村曾写有《洋源春暮即景》诗，眼中是"绿暗池塘人悄悄，春深庭院日融融"的宁静，心里是"胸前独有悠然处，只在静观自得中"的恬淡，不再是待字闺中时"而今拟作蛮腰瘦，留得春光有几分"的闲愁。

姜承宜婚后生有三个儿子。长子习儒，为郡增生；次子业农；三子余钧，聪颖有悟，姜承宜最为钟爱，自小即"亲授以唐宋诗词和五经四子书"。

余钧十六岁补郡弟子员，当时的遂安县赵县令看了他的文章，非常赏识他，曾"以魁元相许"。这时的余钧在诵读之余，也开始设教于父母的漱玉轩。

后来姜承宜患病，余钧日侍左右。清嘉庆十八年（1813）适逢乡试，余钧为照料母亲而不愿赴考，姜承宜对他说："读书这般辛苦，现在好不容易检验的时候到了，不要为了担心我而错过考试。"余钧这才依依不舍地去应试。

应试完了急返家，姜承宜已经病逝，时年六十一岁。余钧在万分悲痛之余，写了《花复》诗："小劫逃来我亦疑，惊魂不定强支持。前程似锦归原早，恶梦逢魔醒始知。仙客竟谐偕老约，云容喜有再生时？从今只合长相守，日对红妆日咏诗。"以此寄托对母亲的哀思。

不久，这一科揭榜，余钧名列第一，高中解元。余钧和母亲感情最深，此次生死离别，高中解元的儿子再也没了功名的念想。他穷其一生在书院讲学，晚年返乡后亦"缓步田间观禾稼，坐或树下听泉声，萧然自得，无意于外事"，重拾了母亲的田园诗情。

女子吟诗，其实很难，但姜承宜却写了几十年，一生写了那么多诗词作品，因没有结集刊刻，所以真正流传下来的不多。只有在原严州府志和遂安县志中收录的几首诗流传了下来，这些诗犹如沧海遗珠，弥足珍贵。

福运门的前世今生

在说福运门之前，先了解一下严州城池的历史。

按照严州府志的记载，严州城门最初是八个城门，城池分别是唐代和北宋的时候初步建立。

唐僖宗中和三年（883），董昌占据杭州。中和四年（884），镇海节度使周宝的副将余杭镇使陈晟攻下睦州城，陈晟始筑睦州城。

北宋宣和四年（1122），朝廷派奉直大夫周格来严州当官，重新修建了城池，将罗城（今梅城）缩为十二里二步，把西湖划到了西门城外。

此时的严州城门是八个，东门是望云门，南门为定川门、安流门，西门为安泰门、和平门，北门为嘉贶门，东北角为百顺门，西南面为善利门。子城在罗城北面，就是州府衙门所在地，也是官吏办公执政及住宅区。子城周围长三里，子城的正门直对南门，南门是遂安军门，子城东西两门在授官厅的两厢，北门在州衙住宅后偏西。

这样过了很多年。南宋嘉定六年（1213），知州宋钧复筑严州城，改东西八百二十二丈，南北三百四十四丈。

南宋德祐二年（1276）二月，元军攻陷南宋京城，改建德府为建德路。元世祖忽必烈在征伐南宋的过程中，每攻占一个城市后，便命令将城墙拆毁，以示统一。严州城墙也没例外。不过，被破坏之后，后来又重新修建如初。

元末，朱元璋的部将李文忠攻占建德，于元至正二十一年（1361）改筑严州城。《建德县志》有载："城墙周八里二十三步六分，高二丈四尺，阔二丈五尺，为门五，东曰兴仁门，南曰澄清门，西曰和义门、曰武定门，北曰拱宸门。"整座城池已颇具规模。

到了明崇祯十六年（1643），严州知府许国士修城，柴挺然在修城记中说："……择醇谨者十九人，分督五门。"

由此可知，从明朝李文忠开始，严州最早的八门就开始缩减成五门。一直到清道光元年（1821），大修城池时，仍然还是"城楼五座"。而福运门，此时还不知道隐藏在哪段城墙内，等待那个叫聂镐敏的知府大人让它重见光日。

聂镐敏，湖南衡山县人，清嘉庆六年（1801）的进士，于清道光二年（1822）任严州知府。聂镐敏一上任，就注意到严州城墙体系和防御建设。

在体察民情的过程中，他发现严州的城墙从八门缩减为五门后，整个城池向南向东移动了，西边和北边的城墙收缩很大，等于城池比宋朝以前缩小了很多。

聂镐敏听城里的老百姓说，老城里面曾经有过一个小南门，不知为什么，后来被封闭了。上了年纪且有威望的老人也会告诉他一些关于小南门曾经发生过的故事和从前繁华的场面。可是，聂镐敏从整个南面城墙一路走过来，始终没有发现小南门的踪迹。

聂镐敏就去府衙里查档案中收藏的地契。官府里的地契，也叫红契，会写明姓名、转让原因，以及所在地名。当时，严州府的地名仍沿用明朝时的旧称，契证上会显示是小南门字88号、大南门220号……一路排去就排到了大西门。

聂镐敏又重新去找，从县衙前找到小南门街，顺着小南门街到头，就是城墙根的徽州会馆，街心还有一个财神庙，庙里有一个石头做的香案，上面刻着"大明崇祯七年岁次……"，说明至少在明朝崇祯七年前，这个小南门就存在，且被封闭了多年。

小南门被封闭的原因不详。聂镐敏在他写的《洞开小南门记》这样剖析：崇祯以前，严州辉煌了很久，可是到了清朝，严州就萎靡不振一百八十多年。辉煌和萎靡之间的原因，聂镐敏觉得还是和严州开不开放有关系。

聂镐敏和同僚讨论商议，明朝的时候，把城池往东往南移动，小南门直接可以汇合婺江，也就是现在的兰江。以前兰江上的金华、衢州、台州、温州、丽水等地的官员商贾要去朝廷，必须走这条江，所以人来人往尤其多。他们经过小南门，进入严州交易物品，商业发达，城市就兴旺起来了。

聂镐敏还说，李文忠将军筑城时，度山川形势，在城西设大、小西门，临江又设大、小南门。小南门历史上曾经开辟过，后来又关闭。不管当时出于什么原因关闭，作为严州的父母官，我们不得不为严州的下一步发展考虑。必须重开小南门，并在小南门外设货运码头，把商品贸易请进来。

当时的土建项目，朝廷无拨款。聂镐敏也不想给朝廷增加负担，于是先在府衙号召捐款，再及民间。提倡有钱的出钱，没钱的就出力，为小南门外码头建设挖个几锄头。

严州城的老百姓们一听，觉得重启小南门是个好主意，纷纷支持，该出钱的出钱，该出力的出力，不少百姓都拿着铁锹锄头，跟着聂大人去了小南门旧址。

终于到了这一年的三月中旬，一个黄道吉日，城中百姓举着工具，站在小南门口，熙熙攘攘的人群把道路塞得满满当当，锄头、铁锹、畚箕都齐刷刷地等待动工。凿墙刨土的师傅小心翼翼地挖掘，不一会儿，昔日的小南门就豁然打开了。

小南门打开时，原来的木门已经腐朽成泥，门上的铁钉锈迹斑斑掉了一地，大家捡起来放在筐里，竟装了满满的一筐。老百姓还发现，聂大人打开小南门时，天还是阴的，祭天时突然阴云消散，大家都说这是个吉祥之兆，全城百姓欢呼。

接下来的日子，老百姓们开始热火朝天地在聂大人的指挥下，为小南门的城楼建设和城外的码头建设奔走劳动。一个月之后，小南门城楼已矗立，城门外七八十级的石阶也筑起。石阶如青龙入水，直达沿江水际，这里成了后来的竹木柴炭的货运码头。

至于小南门为什么又叫"福运门"，据说是聂镐敏经过风水先生测算后命名，打开福运门的时间选的也是黄道吉日。"福运"二字也能看出聂镐敏对严州的殷殷深情。聂镐敏希望他主持工作的严州能够通过小南门的打开，一改一百八十多年的颓废，聚集万象更新之气，通过此门让严州走上福运之路。

为九姓渔户改贱为良

钱塘江一带，自明代开始有"九姓渔户"，他们大部分是以船为家的渔民，世代以打鱼为业。九姓中，还包括撑货船、客船的船民，以及一小部分船妓。

九姓指陈、钱、林、袁、孙、叶、许、李、何。清初，尚有九姓渔户大小船只两千多只，至道光、咸丰年间，有船一千多只；太平天国后，仅存二百多只。其实，渔户的活动范围很广，下至杭州、桐庐，上至兰溪、衢县、江山，但主要还是在桐庐、建德、兰溪一带。

了解九姓渔户的历史原委，不得不提及廉吏戴槃。

戴槃，江苏丹徒人，清同治四年（1865）任严州知府，同治八年重任。其实，早在咸丰四年（1854），戴槃受命查看徽严交界处的防务时，曾从徽州坐菱白船到严州，当时的陈姓船主曾向他吐露过不堪渔税、恳求裁免的愿望。

同治四年（1865），戴槃上任严州知府，在察访"九姓渔户"的过程中，发现渔民的辛酸无奈，以及不良陋习的滋生，对治理严州造成了很大的影响，遂决心要在任上改革裁免渔税。

戴槃在《裁严郡九姓渔课并令改贱为良碑记》一文中提到，九姓渔户所居的船叫"江山船"，九姓渔户的来历，历史上有三种说法，均与"江山船"有关：

第一种说法是指陈友谅的子孙九族。陈友谅是元末明初与朱元璋争夺天下的劲敌，元至正二十三年（1363），陈友谅与朱元璋在鄱阳湖展开生死大战，陈友谅以三倍于敌的兵力最终兵败身亡。据传朱元璋因陈友谅罪及"族诛"，便将其子孙九族贬于江上，不准上岸居住，不能与平民通婚，且征以渔课。

第二种说法是指陈友谅的部属，共九姓。

第三种说法是指南宋亡国大夫的遗族，因爱严陵山水，便带着眷属避世而来，专以捕鱼度日，不与当地居民通婚，不肯舍舟上岸。

三种说法，都没有十分确凿的史实依据，但相对来说，第一种说法被大多数人接受。

其实，清代的九姓渔户，表面上虽要缴纳渔课，但并不业渔，戴槃的奏裁建德县渔课的目的，是从根本上革除江山船业淫之陋习，因为他发现渔课已成为江山船业淫的借口。戴槃认为要想禁止百姓之淫侈，必须禁止江山船上的妇女。而禁止江山船上的妇女，则必须裁免建德渔课。

戴槃的请求得到了时任闽浙总督左宗棠的支持，清政府准许裁免九姓的渔课，准许九姓渔户除籍改业，江山船上的妇女贱业也得到明确禁止。

取得上级的批准后，戴槃第一时间下令颁发"将九姓渔课永远裁革"的公文，命令各县地方官办理九姓渔户改贱为良的手续，并给每家发了执照。又命刻工镌刻《裁严郡九姓渔课并令改贱为良碑记》，立于南门码头上，以告示四方。数百年的民患开始逐渐得到肃清。

但由于历史的原因，漫长的封建社会中，九姓渔户受到了极端的压迫和歧视，过去被视为所谓的"贱民"。同治五年（1866）戴槃的改革仅仅是革除了渔课，朝廷仍没有给予九姓渔户科举应试的权利，阻断了九姓渔户的上升路径。

不过，九姓渔户漫长的水域生涯，让整个特殊群体形成了自己独特的社会组织形式和风俗、禁忌、信仰等。在古严州府治梅城一带，至今仍流传着九姓渔户水上婚礼的习俗。九姓渔户婚礼成了当地非物质文化中的瑰宝，反映了特定历史条件下特殊社会群体的历史面貌。

除了为"九姓渔户"改贱为良、彻底平反之外，严州知府戴槃抓的另一件大事，就是恢复生产。

太平天国之后，社会元气大伤，急待恢复。严州地处浙皖赣三省通衢之处，战争创伤尤其重。饥荒、瘟疫、洪水，接二连三的灾难让百姓苦不堪言。直到二十年后，严州的境况依然是一派荒凉，四处可见倒塌的破石坊、破败的城墙，以及荒草堆里的白骨。

戴槃受命治理严州。面对残垣颓壁、百业凋敝、人口骤减的残破局面，他深知，安居才能乐业。戴槃首先解决的是战后难民的安置、流民的招抚等安定社会的工作。其次，又抓紧恢复生产。

安居之后，考虑的是活下去。善后工作就是解决生存问题，垦荒成为第一要务。根据严州的实际情况，戴槃作出了招徕棚民下山垦荒的决定，并制定了具体的优惠政策：凡是棚民下山开垦无主之田，可免完钱粮一年，三年后如无业主来认，则可作为自己的田业；如有原业主来认，也必须允许开垦之人种植三年。

为了防止衙门官差勾串勒索扰民，防止奸民假冒田地业主，戴槃思虑周全，预先作出警告，前者有人举报，讲明情节的，一定严行惩办；后者查实，会更加从重治罪。

戴槃这一政策的推行，大大加快了严州社会的恢复进程。

不能被遗忘的忠烈

在严州历史上，袁昶是忠义之士的典范。

从他的故事里，可以看出中华民族历史上有许许多多对国家忠贞不贰、有胆有识、有血性的士大夫。庚子事变中，袁昶由于力谏朝廷对外主和，不可纵容义和团滥杀洋人，反对朝廷与八国联军开战，而成为被朝廷处死的五大臣之一。

清光绪二十七年（1901）七月二十五日，朝廷签订《辛丑条约》后，又为五大臣平反，并追谥袁昶"忠节"。

袁昶，严州桐庐坊郭人，是晚清政治舞台上的知名人物。少时曾师从浙江名儒刘熙载。清光绪二年（1876）中进士，殿试二甲，从此一路为官，既有京官，也有外官。

在居官安徽芜湖的五年中，袁昶兴利除弊，进行多项改革，政绩斐然。他与张之洞交好，也信奉"中学为体，西学为用"，曾引进西学，扩建芜湖中江书院尊经阁，增加了当时热门的科学课程，制定详尽的图书管理及借阅章程，孕育了近代图书馆之雏形。他还督修芜湖西南滨江堤坝十二里，自己捐资五千多两，第二年竣工。从此，堤内田庐数万顷，旱涝保收。为此，安徽人在中江书院为袁昶建立了祠堂，常年供奉着。

从芜湖调任京官后，袁昶一直秉承直言敢谏的作风。起初很受重用，两年内一路擢升，在被杀前，官至太常寺卿，正三品。

清光绪二十五年（1899），山东发生义和拳起义，起初是反抗当地德国教会的专横作为，主要针对中国教民，同时也闯入了教堂杀戮外国传教士。后来义和团势力越来越大，由山东蔓延至内蒙古、东北三省，最后获准进入北京。之后，义和团在北京大肆烧教堂，摧毁一切与洋人、洋货有关的店铺。一时之间，京师大乱。

德国借曹州教案，出兵强占胶州湾，光绪帝征求大臣意见。袁昶上了两万言的条陈，分析当时的形势，认为德国占胶州湾"祸急事小"，而"俄国自西北至东北，与我壤地相错"才是大事。也就是说，德国一案看似紧急，实是小事，从长远看，俄国才是大患。袁昶举金田之例来表达诸国互肆蚕食之心。他大声疾呼帝国外患之忧，提出改革措施之纲要。袁昶的谏言，当时光绪帝都亲自写在册子中，下发大臣们执行。以此看出，那时袁昶还是受到朝廷重视的。

后来，形势越来越危急。袁昶等几位大臣从一开始就主张镇压"拳匪"，与外国的纠纷按照以前的"教案"处理，避免事态扩大，消除战祸发生。而朝廷中的主战派则认为义和团的"拳民忠贞，神术可用"。慈禧游移不定，来回摇摆，最终还是支持了主战派。

庚子五月，清政府以光绪的名义，向英、美、法、德、意、日、俄、西、比、荷、奥十一国宣战。且不论国力积弱，一国单独向十一国同时宣战，其"气魄"也是独步古今中外。

情势危机，袁昶心焦如焚，再次会同许景澄，连上三道奏折——《请急剿拳匪书》《请亟图补救之法以弭巨患疏》和《请速谋保护使馆维持大局疏》，提出"奸民不可纵，使臣不宜杀，外衅不可开"，并在御前会议上慷慨陈词。同时，徐用仪、联元、立山联名支持袁昶的意见，但最终未被采纳。

七月初三，袁昶与许景澄同时遇害，被杀情状十分惨烈。袁昶遇害后，家人已星散，无人收尸。徐用仪为其收尸，也遭忌恨。不久，徐用仪与另外两位曾支持袁昶意见的联元和立山也被砍头，是朱彭寿为徐用仪收尸，并重贿刽子手，把身首缝在一起。

袁昶等五人，其实在遇害前，已经孤注一掷，他们以家国为念，只要达到"宗社无恙"，把命赔了都在所不惜，真的是此心可昭日月。七月十二日，八国联军攻占北京。七月二十二日，慈禧带着光绪帝逃往西安。此时的八国联军在北京开始与清廷主战派和义和团对抗激烈。最后，朝廷与联军签订了丧权辱国的《辛丑条约》。

一场灾祸过后，根据联军提出的议和提纲中的要求，光绪帝发布上谕，宣布为袁昶等五人平反，官复原职。离被害约半年，这应该算是冤案平反最快的一桩案子了，但却是在洋人的压力之下实行的。

平反的诏书中写到当时处置袁昶的罪名是因为他词意均涉两可，才让首祸诸臣乘机诬陷。而其实，袁昶等人明明是强烈地、明确地、急切地反对朝廷对外国开衅之举措，甚至以死相谏，却被说成"词意均涉两可"这般含糊。平反之日，朝野震动，天下痛惜。

光绪帝还下诏自责，以告诫中外诸臣，激发忠诚，去私心、破积习，力图振作，可众愤依旧未平。

次年的正月，光绪帝再次下诏重惩祸首：赐载勋自尽，毓贤、刚毅、李秉衡、启秀、徐承煜处斩。

到了清宣统元年（1909）三月，又下诏官复五大臣职并赐谥：袁昶追谥忠节、立山追谥文直、徐用仪追谥忠愍、许景澄追谥文肃、联元追谥文直。

同年五月，又下诏："允浙江绅士为故兵部尚书徐用仪、吏部侍郎许景澄、太常侍卿袁昶，于浙江西湖立祠。"不久，"三忠祠"在杭州西湖孤山南麓建成。此时离清朝被推翻只剩两年。

沧海桑田，不过弹指一瞬间。谁爱国，谁卖国、祸国，历史早已有公论。在严州人民的心里，忠节公袁昶是永不能被遗忘的忠烈。

图书在版编目（CIP）数据

严州故事 / 王娟编著 . -- 杭州 : 杭州出版社，
2020.9

（钱塘江学·严州文化全书）

ISBN 978-7-5565-1301-7

Ⅰ . ①严… Ⅱ . ①王… Ⅲ . ①地方文化—建德
Ⅳ . ① G127.554

中国版本图书馆CIP数据核字（2020）第132576号

YANZHOU GUSHI

严州故事

王 娟/编著

责任编辑 夏斯斯

封面设计 王立超 屈 皓

出版发行 杭州出版社（杭州西湖文化广场32号6楼）

电话：0571-87997719 邮编：310014

网址：www.hzcbs.com

排 版 杭州立飞图文制作有限公司

印 刷 浙江星晨印务有限公司

经 销 新华书店

开 本 710 mm × 1000 mm 1/16

印 张 12

字 数 185千

版 印 次 2020年9月第1版 2020年9月第1次印刷

书 号 ISBN 978-7-5565-1301-7

定 价 53.00元